NORBERT GOLLUCH

WAS MACHT DAS WILDSCHWEIN IM GARTEN?

ZUGEWANDERTE TIERE IN DER STADT

INHALT

NEU IN DER STADT 8

NACHBARN UND ALTE BEKANNTE 24

NEUE BEWOHNER IN STADT UND LAND

Es ist was los in der Tierwelt. Tiere, die schon viele Jahrhunderte einen bestimmten Lebensraum in unserer Umwelt besetzen, ziehen plötzlich um: vom Land in die Stadt. Sie haben ihre Gründe dafür – wie übrigens auch manche Menschen, die genau denselben Weg gehen. In der Stadt angekommen, finden die Tiere ganz neue Lebensbedingungen vor und nicht immer läuft alles glatt. Doch es geschieht noch mehr: Neozoen kommen zu uns, exotische neue Bewohner in Stadt und Land, von irgendwoher zugewandert, wie der Waschbär und der Marderhund, Nutria und Nilgans, Ochsenfrosch und Graskarpfen, der Asiatische Marienkäfer mit den vielen Punkten oder – aus dem Zoo ausgeflogen – die grünen Halsbandsittiche in Köln. Manche von ihnen finden ohne große Probleme eine biologische Nische, aber oft stellen solche Neuzuwanderer eine Gefahr für die heimischen Tiere dar.

Dieses Buch stellt viele von ihnen vor – nicht umfassend und in allen Einzelheiten, aber so, dass wir Bewohner von Stadt und Land ein wenig mehr über sie erfahren und uns überlegen können, wie es mit den bei uns heimischen Arten und den Zuwanderern weitergehen soll.

Um es vorweg zu sagen: Viele Probleme mit zugewanderten Arten sind von den Menschen selbst verursacht. Nur selten bleibt ein Eingriff in die natürlichen Zusammenhänge ohne schädliche Folgen. Schlimmer noch: Wenn der Schaden eingetreten ist, bleibt der Versuch, ein weiteres Mal in die Abläufe der Natur einzugreifen, um den Fehler zu korrigieren, meist ohne Erfolg.

Auch deshalb ist der Handel mit neuen Tierarten, den Neozoen, in Deutschland verboten, und diese Tiere dürfen auch nur gehalten werden, wenn hohe Sicherheitsstandards beachtet werden.

WILDE TIERE IN DER STADT

Warum ziehen immer mehr Tiere um – vom Land in die Stadt? Warum tauschen sie Feld, Wald und Wiese gegen Stadtpark, verlassene Fabrik, Kleingarten oder Wolkenkratzer ein? Ist es draußen in der Wildnis nicht viel schöner für wilde Tiere? Es kommt zu erstaunlichen Begegnungen in unseren Städten, denn Eichhörnchen, Marder, Fuchs, Eulen, Falken, Waschbären und sogar das Wildschwein sind in den letzten Jahren vielerorts Stadtbewohner geworden. Das wirft viele Fragen auf, die dieses Buch beantwortet:

WARUM KOMMEN WILDTIERE IN UNSERE STÄDTE?

WOVON LEBEN SIE DORT?

WELCHE TIERARTEN WANDERN IN DIE STADT?

WIE LEBEN SIE MITTEN UNTER DEN MENSCHEN UND WARUM STÖRT SIE SO VIEL NÄHE NICHT?

SIND WILDTIERE FÜR MENSCHEN GEFÄHRLICH?

GRÜNDE FÜR WILDTIERE IN DER STADT

Das Leben in der Stadt ist einfach angenehmer und unkomplizierter als draußen auf dem Lande – es gibt viele Vorteile, welche so manche Tierart gerne nutzt:

Die Städte sind für viele Tiere ein besserer Lebensraum als die leeren, von der Landwirtschaft ausgeräumten Flächen vor der Stadt – riesige Ackerflächen, kaum noch eine wilde Pflanze (wegen des Unkrautvernichtungsmittels Glyphosat). So eine Stadt ist dagegen

das reine Paradies: Je größer, desto besser sind die Möglichkeiten, desto vielfältiger ist das Tierleben. Kaum zu glauben: In einer europäischen Großstadt finden sich mehr als 10 000 unterschiedliche Tierarten!

In der Stadt gibt es immer etwas zu fressen. In Papierkörben, Mülltonnen und auf wilden Abfallkippen finden sich für viele Tierarten das ganze Jahr über wahre Leckereien. Dazu gibt es die Samen wilder Kräuter, und an Straßenrändern und auf Brachflächen leben viele Insektenarten, die auf landwirtschaftlichen Flächen längst vergiftet wurden.

Im Winter füttern die Menschen die Vögel. Über 150 verschiedene Vogelarten leben z. B. in Berlin, vermutlich auch deshalb, weil sie dort viel besser durch den Winter kommen als in Feld, Wald und Wiese.

Die Tiere kommen in die Stadt, weil es hier für sie keine Wohnungsnot gibt. Mitten in der Großstadt finden sie, z. B. in großen Parks, die Lebensräume, die ihnen draußen genommen werden: Hecken, wildes Gebüsch, Wasserflächen und turmhohe Felsen (= Hochhäuser).

In der Stadt ist es deutlich wärmer als im Umland – etwas störend im heißen Sommer, aber angenehm für Mensch und Tier im Winter.

AN DAS LEBEN IN DER STADT ANGEPASST

Den neuen Stadtbewohnern gefällt das Leben unter uns Menschen so gut, dass sie sich für ihre neue Lebenssituation verändern – sie passen sich an.

Sie verlieren, so wie z. B. die Elster, ihre natürliche Scheu vor den Menschen, ihre Fluchtdistanz wird geringer, oder sie stellen ihre Lebensweise um – manche Rotkehlchen werden z. B. nachtaktiv, weil ihnen in der Dunkelheit nicht so viele Menschen begegnen.

Singvögel singen in der Stadt lauter – kein Wunder bei dem Lärm in manchen Stadtvierteln. Manchmal imitieren sie auch Handymelodien.

Alles in allem machen die tierischen Zuwanderer das Leben in der Stadt bunter und ermöglichen Naturerlebnisse an unerwarteter Stelle. Es entstehen aber auch ganz neue Probleme, über die in diesem Buch berichtet wird.

GEFAHRENPOTENZIAL FÜR MENSCH UND UMWELT

Jedes Tier, das in diesem Buch vorgestellt wird, wird mit einem bestimmten Gefahrenpotenzial gekennzeichnet. Damit kann die Gefährlichkeit eines einzelnen Tieres für einzelne oder mehrere Menschen oder die Gefährlichkeit der gesamten Tierart für die Umwelt gemeint sein. Raubtiere können sich verteidigen, wenn sie sich angegriffen fühlen oder Menschen als Beute sehen. Manche Tierarten verwenden Gift für Angriff und Verteidigung. Wieder andere Tierarten übertragen Krankheiten. Eine Tierart kann eine oder mehrere andere Tierarten aus ihrem natürlichen Lebensraum verdrängen und so ein ganzes Biotop zerstören. Die Gefahren sind also sehr vielfältig.

GEFAHRENPOTENZIAL

- I KEINE ODER NUR GERINGE GEFAHR
- II MÖGLICHE GEFAHREN
- III VORSICHT, NICHT IMMER UNGEFÄHRLICH!
- IIII GEFAHR FÜR LEIB UND LEBEN
- ~~IIII~~ SEHR GEFÄHRLICHE TIERART, LEBENSGEFAHR!

NEU IN DER STADT

Der Lebensraum der Tierarten, um die es in diesem Kapitel geht, waren ursprünglich die Wiesen und Wälder in der freien Natur, die Lebensräume, die es seit Tausenden von Jahren gegeben hat und auch heute noch immer gibt. Doch die Bewohner der freien Natur bekamen zunehmend Probleme – der Verkehr, der Städtebau und die moderne Landwirtschaft schränkten ihre Reviere immer weiter ein, es wurde eng und unbequem in den ausgeräumten Landschaften auf dem Lande. Vielfach fehlte es auch an der nötigen Nahrung. Manchmal allerdings gab es auch andere Gründe für den Umzug in die Stadt – viele Tierarten fanden heraus, dass es einfach bequemer ist, dort zu leben. Die Winter sind milder, das Nahrungsangebot ist groß, und es finden sich in Gärten oder Parks Wohnungen für manche Tiere, die draußen nur noch kahle Stoppelfelder vorfinden.

BAUMMARDER

ODER EDELMARDER

GEFAHREN-POTENZIAL

I

ELEGANTER RÄUBER

Der Baummarder trägt ein kastanienbraunes Fell mit einem gelbweißen Kehlfleck. Die Männchen sind deutlich größer als die Weibchen. Baummarder meiden die Nähe des Menschen und sind ausgesprochene Waldbewohner. In manchen Regionen wählen sie sich auch kleinere Gehölze als Heimat. Baummarder ernähren sich von Vögeln, kleinen Säugetieren, Beeren, Fröschen, Insekten und Schnecken. Zündkabel in Automobilen stehen nicht auf ihrem Speiseplan – sie meiden, wie gesagt, menschliche Nähe. Für Schäden unter der Motorhaube sind meist ihre nahen Verwandten, die Steinmarder, verantwortlich.

STECKBRIEF

LATEINISCHER NAME: *Martes martes*

KÖRPERLÄNGE: bis zu 55 cm, Schwanz bis zu 28 cm

GEWICHT: 0,8–1,8 kg

LEBENSALTER: durchschnittlich 10 Jahre, bis zu 16 Jahren

FARBE: dunkelbraun, rötlich braun, Kehlfleck weißlich-gelb bis dottergelb

URSPRÜNGLICHE HEIMAT: weite Teile Europas, Westasien

NAHRUNG: Eichhörnchen, Vögel, Gelege

NUR SELTEN ZU BESUCH

Zu den typischen Zuwanderern gehört der Baummarder nicht. Nur selten trifft man in größeren Parkanlagen auf diese Tiere, nämlich dort, wo es auch Eichhörnchen gibt. Als exzellenter Kletterer geht der Baummarder in den hohen Bäumen auf die Jagd und springt dort wendig von Ast zu Ast – wie auch seine Beute. Wenn das Angebot da ist – im Herbst –, hat er auch nichts gegen vegetarische Nahrung. Nüsse, Beeren und das Obst der Saison ergänzen seinen Speiseplan.

ELSTER

GEFAHREN-POTENZIAL

UMZUG IN DIE STADT

Die zu den Rabenvögeln zählenden Elstern sind auf der Landflucht – es treibt sie in die Stadt. Vor allem das gute Nahrungsangebot bringt sie dazu, ihre ländlichen Lebensräume zu verlassen. Lebensraum gibt es in der Stadt genug für sie: In Parkanlagen, Gärten und Kleingärten finden sich Nistplätze. Außerdem herrschen in der Stadt in Herbst und Winter deutlich höhere Temperaturen als auf dem Land, und es gibt ausreichend windgeschützte Plätze, wenn das Wetter einmal ganz unwirtlich wird.

Ein weiterer Grund für einen Umzug: Auf dem Lande werden Elstern gejagt, in der Stadt sind sie vor den Schusswaffen der Jäger relativ sicher.

DER TISCH IST REICH GEDECKT

Während den Elstern draußen auf den kahlen Ackerflächen die Nahrung ausgeht, gibt es für sie in den Städten reichlich Futter: auf dem Komposthaufen im Garten, im Abfall von Haushalten und Restaurants, in jeder Mülltonne finden sich Fleischreste, Backwaren, Käse, Eierschalen und Lebensmittel aller Art – die Elster ist da nicht wählerisch. Tierische Nahrung findet sich an Bahnstrecken, den Randstreifen von Straßen und Autobahnen: Tiere, die als Verkehrsopfer ums Leben gekommen sind. Mit diesen Nahrungsquellen decken die Vögel etwa die Hälfte ihres Nahrungsbedarfs, den Rest bildet natürliche Beute wie etwa Insekten, Mäuse, Kleinvögel und pflanzliche Nahrung. Auch als Nesträuber sind Elstern bekannt – vielfach wird die Meinung vertreten, sie würden den Singvogelbestand gefährden.

NICHT UNBEDINGT ERWÜNSCHT

Wie auch im Falle von Krähen sind nicht alle Stadtbewohner glücklich über die schwarz-weißen Vögel in ihrer Nähe. So legen Elstern vielerorts Nahrungsdepots an, die auch tote Tiere enthalten können, und das Geschrei einer größeren Gruppe dieser Vögel geht durch Mark und Bein. Gärtner und Kleingärtner ärgern sich über angepicktes Obst.
Es ist aber nicht einfach, Elstern aus ihrem städtischen Lebensraum zu vertreiben: Jäger dürfen sie zwar außerhalb der Schonzeit erlegen, aber das ist in der Stadt eine gefährliche Sache. Für Privatpersonen stehen Elstern als Wildvögel ohnehin unter Naturschutz. Sie dürfen weder gestört noch verjagt und vor allem nicht getötet werden.

STECKBRIEF

LATEINISCHER NAME: *Pica pica*
KÖRPERLÄNGE: bis zu 50 cm
GEWICHT: ungefähr 200 g
LEBENSALTER: bis zu 8 Jahren
FARBE: schwarz-weiß-blau
URSPRÜNGLICHE HEIMAT: Mitteleuropa
NAHRUNG: Allesfresser; spezieller Speisezettel in der Stadt

ROTFUCHS

GEFAHREN-POTENZIAL
III

KEINE ANGST VOR DER STADT

Füchse sind Wildtiere und an das Leben in ungestörter Natur angepasst – könnte man glauben. Zugleich sind sie aber auch Kulturfolger – so bezeichnet man Tierarten, die sich auch ganz in der Nähe von Menschen zu Hause fühlen. Immer mehr Füchse leben in der Stadt – auch weil ihr bisheriger Lebensraum durch die industrialisierte Landwirtschaft immer mehr eingeschränkt wird. Ausgeräumte Landschaften sind ebenfalls der Grund dafür, weshalb es nicht nur den Fuchs, sondern auch andere Tierarten in die Stadt zieht. Außerdem sind die Städte für Füchse das ideale Jagdrevier. Mitten unter den Menschen können sie Ratten, Mäuse und Tauben erbeuten, aber auch in den Abfällen nach Fressbarem wühlen. Außerdem ist es in der Stadt etwas wärmer als draußen auf dem Lande, und die etwas höheren Temperaturen gefallen dem Fuchs gut – ein Grund mehr zu bleiben.

DIE SCHEU VERLOREN

Noch vor nicht allzu langer Zeit war es gar nicht so einfach, draußen auf dem Lande einen Fuchs zu Gesicht zu bekommen. Die Räuber lebten scheu und nachtaktiv, selbst bei einem Waldspaziergang bekam man sie nur sehr selten zu sehen. Stadtbewohner hingegen treffen heute Meister

STECKBRIEF

LATEINISCHER NAME: *Vulpes vulpes*

KÖRPERLÄNGE: 60–75 cm ohne Schwanz

GEWICHT: 5–8 kg

LEBENSALTER: 4–7 Jahre

FARBE: rötlicher Pelz

URSPRÜNGLICHE HEIMAT: Asien, Australien, Europa, Nordamerika; Einwanderer in der Stadt

NAHRUNG: Allesfresser

Reinecke immer häufiger – und das auch am hellen Tag im eigenen Garten. Gestern noch scheu und nachtaktiv, haben sich die Füchse erstaunlich schnell an das neue Leben angepasst.

GEMISCHTE GEFÜHLE

Toll, so ein Wildtier aus nächster Nähe beobachten zu können, denken die einen und freuen sich. Andere Menschen empfinden eher Angst. Mensch und Fuchs so nah beieinander – da gibt es doch sicher Gefahren. Was, wenn der Fuchs den Menschen angreift? Was, wenn er mit Tollwut infiziert ist oder den Fuchsbandwurm in sich trägt? Füchse sind nicht aggressiv, sie beißen Menschen nicht einfach so, sondern fliehen. Die Tollwut gilt seit 2008 als ausgerottet in Deutschland und nur wenige Füchse sind vom Fuchsbandwurm befallen. Wer gewisse Hygieneregeln befolgt, muss sich nicht fürchten: im Wald oder im Garten nichts direkt essen, Beeren, Obst und Gemüse zuerst waschen. Nach einem Aufenthalt in freier Natur oder nach Gartenarbeit immer gründlich die Hände waschen.

SCHUTZ VOR DEM FUCHS

Die Gefahren sind zwar gering, aber wer sich dennoch im eigenen Garten die Füchse vom Leibe halten will, sollte Folgendes wissen: Zäune bringen nicht allzu viel, Füchse finden einen Weg darüber oder darunter. Auf keinen Fall sollte man Futter für die Haustiere im Garten stehen lassen – das wäre eine Einladung für jeden Fuchs. Lauter Lärm und helles Licht schrecken Füchse ab – aber wer will das schon auf Dauer in seinem Garten? Wichtig, wenn Kinder im Garten spielen: Fuchskot sollte man entfernen wie einen Hundehaufen – mit einer über die Hand gezogenen Plastiktüte aufnehmen und entsorgen.

MAUERSEGLER

GEFAHREN-
POTENZIAL
1

STECKBRIEF

LATEINISCHER NAME: *Apus apus*

KÖRPERLÄNGE: bis 17 cm, Flügelspannweite 40–44 cm

GEWICHT: 35–40 g

LEBENSALTER: 10–20 Jahre

FARBE: Gefieder braun bis schwarz

URSPRÜNGLICHE HEIMAT: Mitteleuropa, keine Neozoen; ursprünglich Felsbrüter, auch in Städten

NAHRUNG: Fluginsekten

EIN LEBEN IN DER LUFT

Dieser Vogel ist kein Zuwanderer, er lebt seit jeher in Mitteleuropa, reist aber, um dem kalten Winter zu entkommen, als Zugvogel nach Afrika in seine Winterquartiere südlich der Sahara. Die lange Reise bereitet ihm keine Probleme, er ist für ein Leben in der Luft wie geschaffen. Auch seine Nahrung erbeutet dieser Flugkünstler ausschließlich im Fluge, vor allem Insekten aller Arten. Wozu also landen? Mauersegler verbringen bis zu zehn Monate hoch über uns, ohne ein einziges Mal den Boden zu berühren. Sie schlafen sogar fliegend. Dazu steigen sie in große Höhe auf und regenerieren sich im Gleitflug. Auch die Zeit in den Winterquartieren verbringen sie dank ihrer Flugkünste ohne Bodenaufenthalt. Für sie gibt es nur einen einzigen Grund, längere Zeit am Boden zu bleiben: die Vermehrung.

KÜNSTLICHE FELSEN

In vorgeschichtlicher Zeit legten Mauersegler ihre Nester in hohen Bäumen oder auf Felsen an. Heute sind sie als sogenannte Kulturfolger in Großstädten, in Dörfern auf dem Lande, auf Bauernhöfen und in Industrierevieren anzutreffen. Geeignete Nistplätze finden sie in hohen Gebäuden, auf Schornsteinen, in Türmen, Kirchen und hohen Altbauten in den Städten. Ihre Gelege mit zwei bis drei Eiern bebrüten sie 25 Tage lang, die einzige Zeit im Jahr, die sie am Boden verbringen. Die Jungvögel bleiben etwas länger im Nest, nach 35 bis 55 Tagen werden sie flügge und steigen wie ihre Eltern in die Luft auf.

ROTKEHLCHEN

GEFAHREN-POTENZIAL

I

ANPASSUNG AN DIE STADT

Auch Rotkehlchen ziehen vom Land in die Stadt – die Gründe sind dieselben wie bei vielen anderen Tierarten: besseres Nahrungsangebot, wärmeres Klima, weniger Feinde. Ganz so einfach ist ein solcher Umzug aber nicht, denn das ganze Verhalten der Vögel ist ursprünglich auf ein Leben auf dem Lande eingerichtet. Die Tiere müssen sich anpassen. So singen Kohlmeisen und Nachtigallen in der Stadt lauter und durchdringender, um gegen den Lärm anzukommen.

NACHTSCHWÄRMER

Auch die Stadt-Rotkehlchen passen sich an das Leben in neuer Umgebung an: Sie verlegen einen Teil ihrer Aktivitäten in die Nacht, um den Kontakt mit Menschen möglichst gering zu halten und dem eigenen Gesang besser Gehör zu verschaffen. Durch den nächtlichen Gesang verlieren die Tiere an Schlaf, den sie tagsüber nicht nachholen können – so schnell funktioniert eine Umstellung auf neue Lebensumstände in der Natur nicht. Das erfordert erhöhte körperliche Aktivität, kostet Energie und wirkt sich möglicherweise schädlich aus. Jeder weiß, wie man sich mit zu wenig Schlaf fühlt. Genau erforscht ist das allerdings noch nicht. Fest steht, dass sich Tiere derselben Art in Stadt und Land auseinanderentwickeln. Auf lange Sicht – über viele Jahrzehnte – könnten so zwei unterschiedliche Arten entstehen.

STECKBRIEF

LATEINISCHER NAME: *Erithacus rubecula*

KÖRPERLÄNGE: 13,5–14 cm, Flügelspannweite bis 22 cm

GEWICHT: 15–18 g

LEBENSALTER: 3–6 Jahre

FARBE: bräunlich, roter Brust-Kopf-Bereich

URSPRÜNGLICHE HEIMAT: Mitteleuropa

NAHRUNG: Insekten, Regenwürmer, Spinnen

STEINMARDER

STECKBRIEF

LATEINISCHER NAME: *Martes Foina Erxleben*

KÖRPERLÄNGE: 40–55 cm, Schwanz 20–30 cm

GEWICHT: 0,5–2,0 kg

LEBENSALTER: durchschnittlich 10 Jahre, bis zu 16 Jahren

FARBE: hell graubraun, weißer länglicher Kehlfleck

URSPRÜNGLICHE HEIMAT: weite Teile Europas, Westasien

NAHRUNG: Ratten und andere kleine Nagetiere, Vögel und Geflügel, Eier, Obst

GEFAHREN-POTENZIAL

III

KEINE ANGST VOR MENSCHEN

Der Steinmarder ist ein Kulturfolger – er sucht die Nähe der Menschen und wird deshalb auch Hausmarder genannt. Er lebt nahe menschlicher Siedlungen in Dorf und Stadt, verbirgt sich, wo dies möglich ist, in alten Gemäuern, Scheunen, unter Steinhaufen, in Felshöhlen oder auf Dachböden. Er findet aber auch Unterschlupf in Parkanlagen und städtischen Gebäuden – in dieser Hinsicht ist er sehr flexibel.

AUF SCHNELLEN FÜSSEN

Anders als der Baummarder jagt der Steinmarder nicht im Astwerk in den Kronen der Bäume, sondern auf dem Boden. Dort müssen ihn Ratten, Mäuse und andere Kleintiere fürchten, denn wenn er sie einmal entdeckt hat, können sie dem schnellen und geschickten Jäger kaum entkommen. Steinmarder verschmähen auch Insekten und Vögel und deren Gelege nicht, sie nehmen aber auch Früchte und Obst, wenn diese zu finden sind.

MORDLUSTIG?

Einen schlechten Ruf hat der Steinmarder durch ein ziemlich mörderisches Verhalten: Wenn er einmal in einen Hühnerstall oder einen Taubenschlag eingedrungen ist, tötet er meist mehr Tiere, als er fressen kann, oft den ganzen Bestand. Verursacht wird dieses Verhalten durch die Fluchtversuche seiner Beute – die Vögel können nicht aus dem Stall entkommen und lösen durch ihr Flattern den Tötungsreflex des Marders aus.

UNTER EINEM DACH?

Wenn der Steinmarder Unterschlupf im Wohnhaus sucht, kann es sein, dass sich die darin wohnenden Menschen durch die Geräusche der Tiere – vor allem der Jungtiere – gestört fühlen. Die fühlen sich nämlich ungestört und machen erstaunlich viel Krach. Wenn man Marder draußen halten möchte, muss man alle Schlupflöcher ins Haus verschließen. Dabei kann es allerdings geschehen, dass man die hilflosen Jungen von der Mutter trennt – kein schöner Gedanke. Manchmal gelingt es auch, die Tiere mit einer Schallquelle – z. B. einem Radio – zu vertreiben.
Bevor man den Steinmarder rauswirft, sollte man allerdings überlegen, dass er möglicherweise dafür sorgt, dass es im Haus keine Mäuse und andere Nagetiere gibt. Dafür kann man ihm möglicherweise das Gastrecht einräumen.

SCHADEN AN UNERWARTETER STELLE

Der Steinmarder hat eine merkwürdige Vorliebe für Autos entwickelt. Überall in Deutschland werden Zündkabel, geräuschdämmende Verkleidungen und sogar Bremsschläuche von Steinmardern zernagt. Das liegt nicht daran, dass die Tiere einen unnatürlichen Appetit entwickeln – ihr Spieltrieb und der schön warme Unterschlupf unter der Motorhaube machen die Marder zu Autofans. Wenn einmal ein Marder im Auto gewesen ist, besteht die Gefahr, dass seine Rivalen ebenfalls zur Tat schreiten, um ihr Revier zu verteidigen, und Duftmarken setzen sowie weiteren Schaden an der Autotechnik anrichten. Besonders Fahrzeuge, die an unterschiedlichen Standorten parken, bekommen deshalb immer wieder unerwünschten Marderbesuch. Vertreiben kann man die lästigen Pelztiere mit akustischen Abschreckungsmaßnahmen oder solchen, die den Geruch betreffen. Jeder Autohändler weiß, wie es geht.

TURMFALKE

GEFAHREN-
POTENZIAL
I

DER HÄUFIGSTE FALKE, EIN ELEGANTER FLIEGER

Turmfalken bewohnen in Mitteleuropa sowohl natürliche Lebensräume mit Felsen und Bäumen als auch städtische Biotope mit Türmen und hohen Wohngebäuden. Der Raubvogel erspäht seine Beute im Rüttelflug und erreicht Fluggeschwindigkeiten von 50–66 km/h, wenn er seine Beute jagt.

NICHT NEU IN DER STADT

In der Wahl ihres Lebensraums sind Turmfalken nicht wählerisch. Deshalb liegt die Geschichte ihrer Zuwanderung viele Hundert Jahre zurück, denn sie können sich an viele Bedingungen anpassen und teilen sich den ländlichen und städtischen Lebensraum mit den Menschen eigentlich schon immer. Zumindest waren sie auch schon in mittelalterlichen Städten anzutreffen. Das Leben in der Stadt bringt für diese Falkenart allerdings auch einige Nachteile: So müssen Turmfalken in der Stadt häufig einige Kilometer fliegen, um an ihre bevorzugte Beute zu gelangen: Mäuse. Deshalb stellen manche Tiere ihr Jagdverhalten um. Singvögel, bevorzugt Sperlinge, sind eine beliebte Beute in der Stadt.

STECKBRIEF

LATEINISCHER NAME: *Falco tinnunculus*

KÖRPERLÄNGE: 36–38 cm, Flügelspannweite ca. 75 cm

GEWICHT: 200–300 g

LEBENSALTER: bis zu 18 Jahren

FARBE: rotbraun und schwarz, Männchen zeigen Graufärbung an Kopf und Schwanz, Weibchen sind einheitlich rotbraun gefärbt

URSPRÜNGLICHE HEIMAT: Europa, Asien, Nordafrika

NAHRUNG: hauptsächlich Mäuse und Kleintiere verschiedener Arten

KEIN PLATZ AUF DEN TÜRMEN AUS GLAS UND STAHL

Nistplätze werden immer knapper. Alte Gebäude wie Kirchtürme und historische Patrizierhäuser boten den Raubvögeln schon von der Architektur her Mauernischen, Öffnungen und Höhlungen. Deshalb haben sich dort zahlreiche Falkenpaare niedergelassen. Glatte moderne Bauten aus Glas und Stahl haben keinen Platz für Falkennester. Aus diesem Grund werden in vielen Städten Nisthilfen für Falken angeboten, man möchte auf diese Bereicherung der städtischen Natur nicht verzichten. Doch vielerorts droht Gefahr: Etliche Falken werden Opfer des Straßenverkehrs oder fliegen gegen große Glasscheiben, die sie nicht wahrnehmen können.

WANDERFALKE

GEFAHREN-
POTENZIAL
I

EIN GROSSER RAUBVOGEL IN DER STADT?

Sein Umzug in die Stadt hat wichtige Gründe: Falken lieben hohe Felsen als Ansitz und Niststätte, und die finden sie in der Stadt: Kirchtürme, Schornsteine und Wolkenkratzer. Dennoch lebten die meisten Wanderfalken zunächst in der offenen Landschaft. Dass heute viele von ihnen in der Stadt zu finden sind, hat aber auch einen anderen Grund. In den 1960er-Jahren gerieten die Vögel durch das Insektengift DDT in Gefahr und waren dem Aussterben nahe: Die Eier des Raubvogels wurden durch das Gift immer empfindlicher, weil es die Dicke der Eierschalen reduzierte. Immer weniger junge Falken schlüpften aus, weil die Eier im Nest zerbrachen. Als in den 1970er-Jahren das Gift verboten wurde und die Falken unter strengen Schutz gestellt wurden, erholte sich die Art erstaunlich schnell wieder und besiedelte auch neue Lebensräume: die Städte.

MIT DEM JÄGER AUF JAGD

In den Städten ist der Wanderfalke ein Neuling, doch Mensch und Falke verbindet eine andere Beziehung: Seit Jahrtausenden nutzen Menschen vielerorts das

Können des Jägers der Lüfte aus. Bei der sogenannten Beizjagd schickt ein Falkner einen Falken – oder einen anderen Raubvogel – auf die Jagd. Allerdings ist die Falknerei eine aufwendige Angelegenheit. Das Zähmen der Falken kostet viel Zeit und Einfühlungsvermögen auf der menschlichen Seite. Gelingt dies, so jagt der Falke Rebhühner, Fasane, Tauben, Enten und sogar Kaninchen und Hasen für den Falkner.

STECKBRIEF

LATEINISCHER NAME: *Falco peregrinus*

KÖRPERLÄNGE: 50 cm, Spannweite 110 cm (Weibchen); 35 cm, Spannweite 80 cm (Männchen)

GEWICHT: Männchen bis 750 g, Weibchen bis 1300 g

LEBENSALTER: 15–18 Jahre

FARBE: blaugrau, Unterseite weiß bis cremefarben

URSPRÜNGLICHE HEIMAT: weltweit verbreitet, als Zuwanderer in den Städten

NAHRUNG: unterschiedliche Vogelarten, vor allem Singvögel und Tauben

GEJAGT WIRD NUR IN DER LUFT

Der Wanderfalke ist etwa so groß wie eine Krähe und zählt damit zu den größten bei uns lebenden Vögeln. Unter den Falken ist er tatsächlich der größte – ein beeindruckendes Lebewesen. Die Art seiner Beute – meist kleinere Vögel – erklärt seine Jagdmethode. Im Sturzflug ergreift er sein Opfer in der Luft und schlägt es zu Boden. Erst dort wird die Beute getötet. Dabei hilft ihm der Falkenzahn, ein Zacken an der seitlichen Schneidekante des Oberschnabels. Mit seiner Hilfe gelingt es dem Raubvogel, seine Beute durch einen Biss in den Schädel zu töten.

400 KM/H IM STURZFLUG?

Dem Wanderfalken wird nachgesagt, dass er das schnellste Tier überhaupt sein soll. Beim Angriff auf seine Beute im Sturzflug soll er Geschwindigkeiten von über 400 km/h erreicht haben. Eine hohe Geschwindigkeit wird durch die ausgeprägte Tropfenform des Tieres im senkrechten Flug möglich, die Luft gleitet ohne großen Widerstand am Körper des Tieres vorbei. Allerdings dürfte die Geschichte mit den 400 km/h zu den modernen Märchen gehören. Doch berichten seriöse Quellen über immerhin 200 km/h – für einen Vogel eine erstaunliche Geschwindigkeit.

WILDSCHWEIN

GEFAHREN-POTENZIAL III

STECKBRIEF

LATEINISCHER NAME: *Sus scrofa*

KÖRPERLÄNGE: 1,3–1,7 m (Bache), 1,4–1,7 m (Keiler)

GEWICHT: 150 kg (Bache), bis 200 kg (Keiler)

LEBENSALTER: 10–15 Jahre, maximal 20 Jahre, wenn sie nicht gejagt werden

FARBE: im Winter dunkelgrau bis braunschwarz, im Sommer etwas heller, Frischlinge gestreift

URSPRÜNGLICHE HEIMAT: Europa und Asien, Teile Nordamerikas und Australiens

NAHRUNG: Gras, Kräuter, Wurzelknollen, Eicheln, Beeren und Samen, Würmer, Insekten, Mäuse, Eier und Jungvögel von Bodenbrütern, Jungtiere, auch Aas

EINE STREITBARE ART

Wildschweine – man bezeichnet sie auch als Schwarzwild, wohl wegen der Farbe des Winterfells – sind äußerst robuste und wehrhafte Tiere, die man nicht unterschätzen sollte. Besonders bei der Verteidigung von Revier und Jungtieren können sie auch Menschen gefährlich werden. Keiler haben sehr spitze und lange Eckzähne, Sauen verteidigen ihre Frischlinge mit großem Einsatz. Häufig mussten Menschen im Wald auf Bäume fliehen, um ihre Haut zu retten. Und auch in der Stadt werden Wildschweine nicht zu Kuscheltieren.

WILD IM WALD?

Was die Wahl des Lebensraums angeht, sind Wildschweine ausgesprochen flexibel. Immer häufiger wählen sie stadtnahe Wälder als ihr Revier, plündern in den Vorstädten die Mülltonnen, durchwühlen in den Gärten die Komposthaufen und Blumenbeete, um an die Blumenzwiebeln zu gelangen, graben ganze Wiesen und Gemüsegärten um. Draußen aufgestellte Näpfe mit Futter für Hund und Katze verschmähen sie nicht. Auf der Suche nach Nahrung dringen sie bis in die Innenstädte vor. Im Mai 2003 tauchten zwei Wildschweine auf dem Alexanderplatz in Berlin auf. Sie stellten eine Gefahr für den Straßenverkehr dar und mussten erschossen werden.

Doch sie waren nicht allein: Bis zu 4000 Wildschweine schätzt man für das Stadtgebiet von Berlin, wo sie sich in Gärten und Parkanlagen einrichten. Weil man sie in Wohngebieten nicht bejagen kann, fühlen sich die schlauen Tiere dort besonders sicher. Frischlinge wurden sogar schon am hellen Tag beim Spielen in Parks beobachtet. Die Stadtverwaltung erließ ein Fütterungsverbot, um nicht noch mehr Tiere anzulocken. Auch andere europäische Großstädte wie Warschau und Wien kennen die Wildschweinplage.

NACHBARN UND ALTE BEKANNTE

Manche Tierarten erweitern ihren Lebensraum auf sanfte und gemächliche Weise. Sommerbesucher werden zu Dauerbewohnern, weil die Winter milder werden, Zugvögel vergessen ihre Reise in die Winterquartiere, wärmeliebende Tiere dehnen ihren Lebensraum nach Norden aus, weil die durchschnittlichen Temperaturen auch dort steigen. Andere Tierarten, welche die Menschen in vergangenen Jahrhunderten vertrieben haben, kehren zurück in Regionen, in denen sie schon früher lebten, oder erobern neue Biotope, in denen sie bisher nicht zu finden waren. Die Menschen sind nicht immer begeistert von dieser Entwicklung, denn auch Raubtiere sind unter den Rückkehrern.

BIENEN-FRESSER

STECKBRIEF

LATEINISCHER NAME: *Merops apiaster*

KÖRPERLÄNGE: ca. 28 cm

LEBENSALTER: 10 Jahre

FARBE: sehr buntes Federkleid, einem Papagei nicht unähnlich

URSPRÜNGLICHE HEIMAT: Südwest- und Vorderasien, Nordwestafrika sowie Süd- und Südosteuropa nordwärts bis Südostpolen

NAHRUNG: Bienen, andere Fluginsekten

GEFAHREN-POTENZIAL

I

AUSGESTORBEN – JA ODER NEIN?

Bienenfresser stammen ursprünglich aus den Tropen und Subtropen. Sie gehören zu den jüngsten Gästen in unseren Breiten, waren aber schon in der Vergangenheit immer wieder in kleineren Vorkommen zu finden. Seit 1980 galten sie als ausgestorben, aber seit 1990 wandern wieder Tiere in Deutschland ein. Sie sind z. B. am Kaiserstuhl in der oberrheinischen Tiefebene zu finden. Als Lebensraum bevorzugen sie weite, offene Landschaften mit einzelnen Bäumen. Sie nutzen aber auch Freileitungen als Ansitz und versammeln sich dort in kleinen Gruppen.

FLIEGENDE BEUTE

Wie ihr Name schon sagt, gelten Bienen als die Hauptnahrung der Bienenfresser. Als geschickte Flieger fangen sie aber auch andere Fluginsekten wie Wespen, Hummeln, Hornissen, Libellen, Zikaden und Käfer. Gefressen wird die Beute allerdings erst nach der Landung – mit kräftigen Schnabelhieben werden, wenn nötig, Stachel und Giftdrüsen entfernt.

VERSTECKTE BRUTHÖHLEN

Für die Aufzucht ihrer Jungen benötigen Bienenfresser – ähnlich wie auch der Eisvogel – Steilhänge an Flussufern oder in Sandgruben, wo sie sich erstaunlich tiefe Gänge graben. So kann sich ihre Bruthöhle am Ende eines bis zu 2,7 m langen Ganges befinden. Leider sind diese Uferformen in den vergangenen Jahrzehnten durch Flussbegradigungen und andere Baumaßnahmen immer mehr verschwunden.

DAMHIRSCH

GEFAHREN-POTENZIAL I

DIE GEPUNKTETEN VERWANDTEN

Damhirsche sind kleiner als die heimischen Rotwildarten und unterscheiden sich unter anderem durch den längeren Schwanz (Wedel). Sie leben als Rudeltier in lichten Wäldern, Wiesen- und Parklandschaften; die Männchen tragen ein Schaufelgeweih. Im Sommer schmücken das Damwild helle Flecken auf dem braunen Fell, das in der Mitte einen dunklen Aalstrich zeigt. Das Winterfell ist dichter und dunkler und die weißen Flecken verschwinden unter den Deckhaaren. Es gibt aber auch Damwild in anderen Farben, unter anderem solche Tiere, die ein schwarzes Fell zeigen.

EINE ZURÜCKGEKEHRTE ART

Bis zum Beginn der letzten Eiszeit waren Damhirsche in ganz Europa verbreitet. Vom rauen Klima verdrängt, zogen sie sich während der kalten Jahrtausende in den östlichen Mittelmeerraum und nach Vorderasien zurück. Weil Damwild sich ausgesprochen einfach auch in Gattern halten lässt, wurde es schon vor 2000 Jahren von den Römern nach Europa gebracht, d.h. in seine ursprüngliche Heimat zurückgeholt. Im 16. und 17. Jahrhundert wurden die Tiere an vielen Fürstenhöfen Europas als bequeme Jagdbeute eingeführt. Dadurch kommen sie heute in vielen Teilen Europas vor. Die meisten Tiere in freier Wildbahn leben in Großbritannien.

STECKBRIEF

LATEINISCHER NAME: *Dama dama*

KÖRPERLÄNGE: bis 2,1 m (Hirsch)

GEWICHT: 40–55 kg (Hirschkuh), bis 125 kg (Hirsch)

LEBENSALTER: 15–20 Jahre

FARBE: oft rotbraun, unterschiedliche Farbvarianten von fast weiß über grau bis fast schwarz

URSPRÜNGLICHE HEIMAT: vermutlich Südeuropa; heute verbreitet in Europa, Kleinasien, Nord- und Südamerika, Neuseeland

NAHRUNG: Gräser, Kräuter, Knospen und Knollen, aber auch Kartoffeln

AMMEN-DORNFINGER

GEFAHREN-
POTENZIAL
IIII

GEFÄHRLICHE JÄGER

Bei diesen Spinnen handelt es sich um eine aus den Nachbarregionen zugewanderte Art. Zu erkennen sind Ammen-Dornfinger an der auffallenden rotorangen Warnzeichnung des Vorderkörpers. Auch die kräftigen Kieferklauen sind im oberen Teil rotorange gefärbt. Das soll Feinde warnen und offenbar funktioniert es auch. Gefährlich für Menschen sind Dornfinger im Regelfall aber nicht – Experten halten einen Wespenstich für gefährlicher.

VEREINZELTE VORKOMMEN

Dornfinger haben einen hohen Wärmebedarf und kommen deshalb in Mitteleuropa nördlich der Alpen und speziell in Deutschland nur vereinzelt vor, meist im südlichen Deutschland. Sie suchen sich trockene, mit Grasbüscheln, Brennnesseln und Disteln bewachsene Brachlandflächen und andere trockene Biotope als Lebensraum aus, die nur selten große Flächen bedecken, sondern meist inselartig in der Landschaft liegen.

Das Gift ist für Menschen nicht vollkommen ungefährlich, wirkt aber meist nur unangenehm. Es verursacht einen stechenden und brennenden Schmerz. Die Bissstelle schmerzt stark. Wenn allerdings nach einem solchen Biss Erscheinungen wie Kopfschmerzen, Schwindel und Schüttelfrost, Übelkeit und Erbrechen auftreten und das gebissene Körperteil stark anschwillt, könnte eine allergische Reaktion vorliegen. In diesem Fall sollte der oder die Gebissene unbedingt einen Arzt aufsuchen.

GIFTIGE EINZELGÄNGER

Ammen-Dornfinger besitzen ein kräftiges und wirksames Gift, das sie bei der Jagd auf ihre Beute einsetzen. Es ist eine Mischung aus Nervengiften und gewebeschädigenden Giften, das im Beutetier auch dessen Verdauung vorbereitet – die Beute wird von innen aufgelöst.

STECKBRIEF

LATEINISCHER NAME: *Cheiracanthium punctorium*

KÖRPERLÄNGE: Männchen bis 1,2 cm, Weibchen bis 1,5 cm Durchmesser

LEBENSALTER: 1 Jahr, Jungspinnen überwintern

FARBE: Vorderkörper rotorange, Beine bräunlich gelb

URSPRÜNGLICHE HEIMAT: wärmere Regionen im östlichen Mitteleuropa und im Mittelmeerraum; nach Osten bis Zentralasien verbreitet

NAHRUNG: aktive Jäger; größere Insekten, andere Spinnen, Schnecken; genaues Beuteschema unbekannt

FEUERLIBELLE

GEFAHREN-
POTENZIAL
I

STECKBRIEF

LATEINISCHER NAME: *Crocothemis erythraea*

KÖRPERLÄNGE: 40–45 mm, Flügelspannweite 65–70 mm

LEBENSALTER: Larve 6–12 Monate, ausgewachsenes Insekt 1–2 Monate

FARBE: rot (Männchen), olivgrün bis olivbraun (Weibchen)

URSPRÜNGLICHE HEIMAT: Südeuropa, nördliches Afrika, Vorderasien

NAHRUNG: Fliegen, Mücken und andere kleine Insekten

AUF DEM WEG NACH NORDEN

Die Feuerlibelle gilt als Gewinnerin des Klimawandels: Sie war bis zu den 1990er-Jahren meist nur südlich der Alpen zu finden, ist aber unterdessen immer weiter nach Norden gewandert und besiedelte zunächst Süddeutschland. Mittlerweile ist sie wohl in ganz Deutschland anzutreffen, auch im nördlichen Bundesland Schleswig-Holstein. Da die Art als ausgesprochen wanderlustig angesehen werden kann, wird sie möglicherweise auch Gebiete im nördlichen Europa besiedeln, wenn das Klima dies zulässt.

WO WASSER IST ...

... finden sich auch Libellen. Die Larven dieser Insekten entwickeln sich in stehenden Gewässern, die Libellen legen ihre Eier in Teiche, Altarme von Flüssen oder in Sandgrubenseen. Wichtig ist dabei, dass es ausreichend Wasserpflanzen gibt. Für ihre Entwicklung zum vollen Insekt benötigen die Larven je nach Klima einige Monate bis zu einem Jahr. Auch die Larven leben räuberisch und ernähren sich von Wasserinsekten, Kleinkrebsen (wie dem Wasserfloh) und sogar von kleinen Fischen.

EINREISENDE NACHBARN

Feuerlibellen werden nicht zu den gefährlichen invasiven Arten gezählt, weil sie nicht eingeschleppt und von Menschen ausgesetzt werden, sondern ihr Verbreitungsgebiet auf natürlichem Wege selbst erweitern. Einen nennenswerten Schaden für das Ökosystem und ein Verdrängungswettbewerb mit anderen einheimischen Tierarten ist bei dieser Art nicht zu befürchten. Zudem bereichern die Libellen die heimische Natur durch einen kräftigen farbigen Akzent.

HAUSRATTE UND WANDERRATTE

GEFAHREN-POTENZIAL

BEGLEITER SEIT VIELEN JAHRHUNDERTEN

Seit Hunderten oder gar Tausenden von Jahren begleiteten die beiden Rattenarten die Menschen und fügten ihnen Schaden zu, indem sie sich an ihren Nahrungsmitteln bedienten. Keine Küche ohne Ratten, kein Kornspeicher, in dem sich die Nager nicht schadlos hielten. In Gärten und auf Feldern wühlten sie im Untergrund und fraßen Wurzeln und Knollen. Was sie nicht fraßen, verschmutzten sie mit ihrem Kot. Eine Rattenplage konnte ein Dorf an den Rand der Hungersnot bringen. Wirksam bekämpfen konnte man die Ratten nicht.

ÜBERTRÄGER DER PEST UND ANDERER KRANKHEITEN

Richtig gefährlich wurde das Zusammenleben mit den Nagetieren aber dadurch, dass sie eine die Pest übertragende Flohart unter die Menschen brachten. Hausratte und Wanderratte sind tierische Wirte für den Pestfloh *Xenopsylla cheopis*, der wiederum das hoch infektiöse Bakterium *Yersinia pestis* übertragen kann. Weltweit

starben im Laufe der Jahrhunderte Millionen Menschen an der furchtbaren Krankheit, niemand konnte sich in der Antike oder im Mittelalter davor schützen. Die Ratten waren überall. Sie reisten mit den Segelschiffen, schwammen durch Flüsse und Meeresarme und erreichten so auch Inseln. Niemand war vor der Pest sicher.

Neben dem Rattenfloh, und damit dem Pesterreger, können Ratten bis zu 70 Krankheiten auf Menschen übertragen und z. B. mit Salmonellen oder dem Hantavirus infizieren. Schon deshalb haben Ratten in der Stadt nichts zu suchen. Die städtischen Behörden sind zu ihrer Bekämpfung verpflichtet. Mit speziellen Giften rückt man den Schädlingen zu Leibe.

GEFÄHRLICH FÜR VIELE LEBENSRÄUME

Auch heute noch richten Ratten auf kleinen und großen Inseln vor allem im Pazifik erheblichen Schaden an. Weil sie dort vielfach keine Feinde haben, rauben sie den einheimischen Tierarten die Nahrung, viele sterben aus. Zuerst trifft es am Boden brütende Vögel – ihre Eier und Nestlinge sind bei den Ratten eine beliebte Beute. Das Verschwinden vieler Hundert Tierarten geht auf das Konto von Hausratte und Wanderratte. Ökologen arbeiten daran, die eingeschleppten Ratten wieder von den Inseln zu entfernen. Eine große Aufgabe – bis 2050 soll z. B. ganz Neuseeland, mit zwei Dritteln der Fläche von Deutschland keine kleine Insel, wieder rattenfrei sein.

STECKBRIEF

LATEINISCHER NAME: *Rattus rattus* (Hausratte); *Rattus norvegicus* (Wanderratte)

KÖRPERLÄNGE: bis 24 cm, Schwanz bis 25 cm (Hausratte); bis 28 cm, Schwanz bis 22 cm (Wanderratte)

GEWICHT: 100–400 g

LEBENSALTER: 1–3 Jahre

FARBE: grau, braun, schwarz, weiß, gefleckt

URSPRÜNGLICHE HEIMAT: Ost- und Südasien

NAHRUNG: Allesfresser

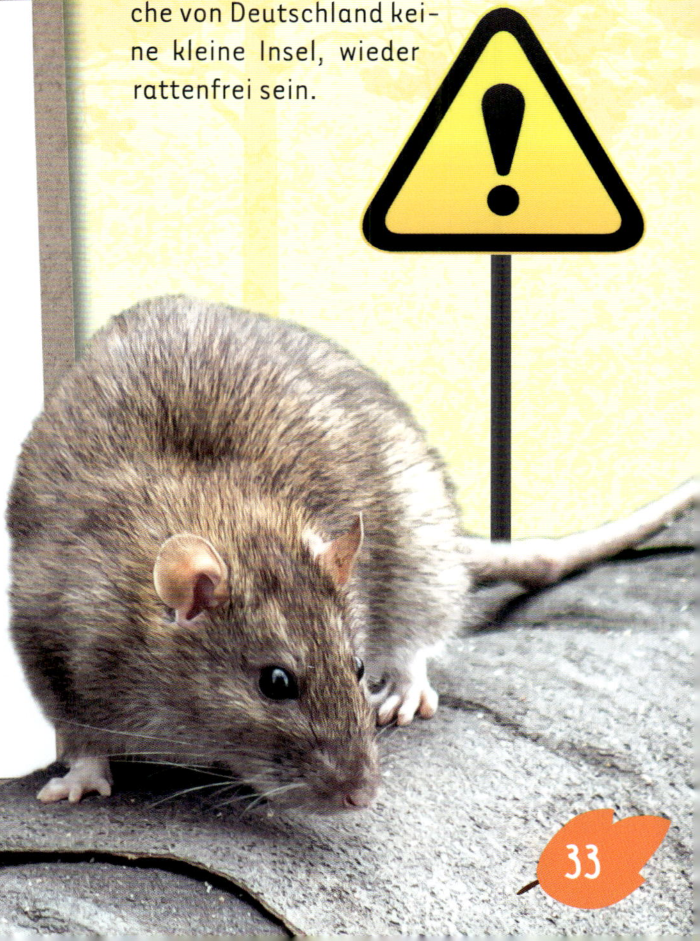

MAUEREIDECHSE

GEFAHREN-
POTENZIAL
I

WÄRMELIEBENDE ZUWANDERER …

Auch die Mauereidechse gehört zu den Arten, die vermutlich von einer Klimaerwärmung profitieren: Als wechselwarme Tiere sind sie auf milde Temperaturen angewiesen, die sie in ihrem ursprünglichen Lebensraum, aber auch in der südlichen Rheinebene finden, z. B. in den Trockenmauern von Weinbergen.

… MIT ERSCHWERTEN LEBENSBEDINGUNGEN

Sie lieben warme Steine, wie man sie z. B. in den Befestigungsmauern von Weinbergen, aber auch an Bahntrassen und Straßenböschungen findet. Dort haben Mauereidechsen ihren Unterschlupf, und der wird ihnen zunehmend genommen. Durch bauliche Veränderungen im Weinbau schrumpft ihr Lebensraum immer weiter, und nicht nur deshalb suchen die Tiere nach anderen Möglichkeiten. Diese

finden sie überall dort, wo es warm genug ist, und das kann z. B. auch an einem Gebäude mitten in einer Stadt sein. Manche Tiere kommen auch aus dem Terrarium und wurden von ihren Haltern in die Freiheit entlassen.

NICHT GEFÄHRLICH, SONDERN GEFÄHRDET

Mauereidechsen sind keine gefährliche, sondern eine gefährdete Art. Sie verdrängen keine anderen Reptilien aus ihrem Lebensraum, sondern sind selbst in Gefahr, diesen zu verlieren. Deshalb stehen sie unter strengem Schutz durch eine EU-Naturschutz-Richtlinie. Auf eine andere Weise gefährdet sind die Mauereidechsen durch die Möglichkeit einer Vermischung mit den in Mitteleuropa heimischen Zauneidechsen. Biologen wissen nicht: Entsteht da eine neue Art oder einfach nur genetischer Mischmasch?

STECKBRIEF

LATEINISCHER NAME: *Podarcis muralis*

KÖRPERLÄNGE: Körper 5–7,5 cm, Schwanz doppelt so lang

GEWICHT: bis 8 g

LEBENSALTER: 4–6 Jahre, maximal 10 Jahre

FARBE: braun-schwarz gemustert

URSPRÜNGLICHE HEIMAT: West-, Mittel- und Osteuropa; in Deutschland in wärmeren Regionen, z. B. in der Rheinebene

NAHRUNG: Insekten und Spinnen

MUFFLON

GEFAHREN-POTENZIAL

1

STECKBRIEF

LATEINISCHER NAME: *Ovis ammon*

KÖRPERLÄNGE: 1–1,3 m

GEWICHT: 35–50 kg

LEBENSALTER: 12–18 Jahre

FARBE: schwarzbraun

URSPRÜNGLICHE HEIMAT: Mittelmeerinseln, Balkanhalbinsel, Ungarn, Süddeutschland

NAHRUNG: Gräser, Laub, Kräuter, Flechten, Moose

SCHAFE AUS DER URZEIT

Ursprünglich lebten Mufflons an der Mittelmeerküste und auf den größeren Inseln im Mittelmeer, wie z. B. Sardinien und Korsika. Sie stellen die Ursprungsform unserer Schafe dar. In der Steinzeit wurden sie als Haustiere gehalten, verwilderten aber wieder und breiteten sich in Landschaften aus, die ihren Bedürfnissen entsprachen: Mufflons sind Bergbewohner und halten sich am liebsten in trockenen, steinigen Regionen auf.

ZUM ABSCHUSS FREIGEGEBEN

Jäger brachten Mufflons schon zu Beginn des 19. Jahrhunderts in das nördliche Mitteleuropa, zunächst nach Schlesien und in den Harz. Die so eingebürgerten Tiere passten sich auch an neue Umgebungen an, vermehrten sich und leben inzwischen auch in lichten Mischwäldern im Flachland, in Heidelandschaften oder im Mittelgebirge. Mittlerweile gibt es in Deutschland etwa 8000 Mufflons.

TÄTER ODER OPFER?

Muffelwild – so nennen es die Jäger – hat nicht nur Freunde unter den Menschen. Bauern sehen die Wildschafe als Konkurrenz für das Milchvieh, denn Mufflons grasen wie Kühe auf den Wiesen und die mancherorts zahlreichen Tiere können den Kühen schon so einiges wegfressen. Waldbesitzer beklagen sich über Schäden, die Mufflons im Wald anrichten. Baumrinde gehört zu ihrer natürlichen Nahrung und eine Herde dieser Wildschafe kann viele Bäume schälen. Auch wetzen sich ältere Widder ihr Gehörn an Baumstämmen. Beides schwächt den Baumbestand, macht ihn anfälliger für Schädlinge und Krankheiten und kostet deshalb Geld. Mancherorts werden deshalb Mufflons abgeschossen.

Aber nicht nur Jagdgewehre sind auf die Mufflons gerichtet. Ein zurückgekehrtes Raubtier trachtet ihnen nach dem Leben: der Wolf. Zwar sind sie schnell und können dem Feind zunächst entfliehen, doch dann wird ihnen ihr angeborenes Verhalten zum Verhängnis: Nach einem kurzen Sprint bleiben sie stehen und schauen sich um – im Gebirge Korsikas wären die geschickten Kletterer zu diesem Zeitpunkt längst auf einem für den Feind unerreichbaren Felsabsturz. Im Flachland entkommen sie dem Wolf so aber nicht. Manche Experten sehen deshalb den gesamten Bestand in Gefahr, wenn noch mehr Wölfe zurückkehren.

ROSSKASTANIEN-MINIERMOTTE

GEFAHRENPOTENZIAL

RIESIGE BÄUME IN GEFAHR

Einer unserer schönsten Bäume, die Rosskastanie, ist seit einigen Jahren in Gefahr: Aus dem europäischen Nachbarland Mazedonien ist ein kleiner Schmetterling zugewandert. Der winzige Schmetterling mit kaum 8 mm Spannweite legt seine Eier in den Blättern ab, die geschlüpften, noch kleineren Larven kriechen zwischen oberer und unterer Blatthaut durch das Blatt und ernähren sich von seiner Substanz. Zudem bietet ihnen das Blatt Schutz vor dem Wetter und vor Fressfeinden. Das betroffene Laub des Kastanienbaums färbt sich gelb und braun und verschrumpelt zu einem unansehnlichen Blattrest.

ES SIEHT SO HÄSSLICH AUS!

Es geht auch um die Schönheit: Alte Alleen, Gärten historischer Gebäude, Stadtparks und Biergärten sind betroffen! Wer möchte schon unter von Insekten befallenen, unansehnlichen Bäumen sitzen oder spazieren gehen? Und was, wenn die alten, furchtbar verschandelten Bäume den Angriff der winzigen Killer nicht überstehen und eingehen? Müssen sie alle gefällt werden?

NOCH ZU RETTEN?

Im Regelfall kann die Wirtspflanze die Beschädigung ihrer Blätter problemlos verkraften. Deshalb ist es auch nicht nötig, die betroffenen Blätter mit riesigem Aufwand zu entfernen, wie es mancherorts geschieht. Ganze Schulklassen müssen Kastanienblätter sammeln, Gartenbaumitarbeiter entsorgen das abgefallene Laub. Damit haben sie gut zu tun, denn

STECKBRIEF

LATEINISCHER NAME: *Cameraria ohridella*

KÖRPERLÄNGE: Falter 2,2–3 mm lang, Spannweite bis 7,5 mm; Raupe bis 5,5 mm

LEBENSALTER: drei Generationen pro Jahr

FARBE: Falter rotbraun mit weiß-schwarzen Linien, Raupe bräunlich durchscheinend

URSPRÜNGLICHE HEIMAT: erstmals in Mazedonien entdeckt, möglicherweise Albanien oder Griechenland

NAHRUNG: Blätter der Rosskastanie

die Rosskastanienminiermotte bringt bis zu drei Generationen mit 20–30 Larven im Jahr hervor. Die Kleinschmetterlinge überwintern als Larve im vertrockneten Blatt – im Frühjahr geht alles von vorne los, wenn nicht auch das letzte Blatt entsorgt wurde. Doch auch mehrjährigen Befall überleben die starken Rosskastanienbäume. Lebensgefährlichen Schaden fügen ihnen die Larven nicht zu. Wenn die Bäume allerdings durch andere Einflüsse weiteren Schaden nehmen – zu wenig Wasser im Sommer, Streusalz im Winter, schlechte Luft durch Heizungen und Straßenverkehr, Beschädigungen bei Bauarbeiten –, können die winzigen Motten dazu beitragen, einen großen Baum zu Fall zu bringen.

MANCHE BÄUME WEHREN SICH

Besonders die Rosskastanien mit weißen Blüten werden stark von den gefräßigen Larven befallen. Rot blühende Kastanien hingegen scheinen einen inneren Abwehrmechanismus entwickelt zu haben. Zwar legen die Schmetterlinge auch hier ihre Eier ab, doch sterben die meisten der geschlüpften jungen Larven von selbst. Zudem bekommen die Bäume Helfer: Unter den Singvögeln interessieren sich besonders die Meisen für diese neue Sorte Futter. Auch auf dem Speiseplan von Fledermäusen werden die kleinen Falter immer häufiger entdeckt.

SPANISCHE WEG-SCHNECKE

GEFAHREN-POTENZIAL

DER MENSCH ALS CHAUFFEUR

Schnecken sind alles andere als schnell und vergrößern schon deshalb ihren Lebensraum recht langsam. Dennoch konnte die Spanische Wegschnecke in weiten Teilen Europas heimisch werden – ihre Helfer sind Menschen, die Pflanzen aller Art über weite Strecken transportieren. Die Schnecken reisen bequem mit und finden das, was sie brauchen – pflanzliche Nahrung –, eigentlich überall.

STECKBRIEF

LATEINISCHER NAME: *Arion vulgaris*

KÖRPERLÄNGE: durchschnittlich 7 cm, maximal 12–15 cm

LEBENSALTER: 1 Jahr

FARBE: dunkelbraun bis rotbraun

URSPRÜNGLICHE HEIMAT: vermutlich nicht Spanien, sondern Südwestfrankreich

NAHRUNG: frische Pflanzen und tote tierische Nahrung

DER FEIND ALLER GÄRTNER

Nicht nur Gartenbesitzer kennen sie – die Spanische Wegschnecke lebt auf Wiesen, in Mooren, in Hecken am Wegesrand, in Wäldern und Gärten, und das nicht nur im Flachland, sondern hinauf bis in 1800 m Höhe. Weil sie alle pflanzliche Nahrung fressen, die ihnen vor die Mundwerkzeuge kommt, richten Spanische Wegschnecken großen Schaden in der Landwirtschaft, aber auch in Gemüsegärten an. Hungrig, wie sie sind, zerstören sie ganze Pflanzen, Stängel und Triebe, aber auch Saatgut. Auf von Schnecken befallenen Nahrungsmitteln finden sich ekelerregende Schleimspuren und Schneckenkot – sie lassen sich kaum noch verkaufen.

WOLF

GEFAHREN-POTENZIAL

I ODER IIII

STECKBRIEF

LATEINISCHER NAME: *Canis lupus*

KÖRPERLÄNGE: 1,0–1,6 m, Schwanz 33–55 cm, Schulterhöhe bis 80 cm

GEWICHT: 28–40 kg

LEBENSALTER: 10–13 Jahre, in Gefangenschaft 16–17 Jahre

FARBE: hell – in Weiß, Schwarz und Grau

URSPRÜNGLICHE HEIMAT: Asien, Osteuropa, Nordamerika

NAHRUNG: Hirsche und Rehwild, Wildschweine, Hasen und Kaninchen, Ratten und Mäuse, Nutztiere wie Rinder und Schafe

UMSTRITTENE RÜCKKEHRER

Der Wolf ist sehr anpassungsfähig und sein Lebensraum reicht von der Tundra im Norden bis zu den Wüstengebieten Nordamerikas und Zentralasiens – es ist ein Säugetier mit einem extrem großen Verbreitungsgebiet. In Deutschland allerdings waren Wölfe einmal bereits verschwunden: Die letzten Wölfe auf deutschem Gebiet wurden um das Jahr 1850 ausgerottet. Als zu groß schätzte man die Bedrohung von Menschen durch den Wolf ein. Auch starben Nutz- und Raubtiere durch die Räuber – keine guten Voraussetzungen für ein friedliches Zusammenleben. Von der Mitte des 19. Jahrhunderts bis zum Ende des 20. Jahrhunderts gab es keine Wölfe, die in Deutschland heimisch waren. Bis auf einige Durchzügler und Zuwanderer fehlte diese Tierart in ihren althergebrachten Biotopen. Die ersten Wölfe in neuerer Zeit wurden in Sachsen heimisch – im Jahr 2000 kamen dort erstmals wieder Jungwölfe auf die Welt; ein Neubeginn unter besseren Voraussetzungen.

DER ALTE KONFLIKT?

Sie sind auf dem Vormarsch: Durch strengen Schutz konnten die Wölfe wieder eingebürgert werden. Mittlerweile gibt es Wölfe in großen Teilen des Bundesgebiets. Experten zählten über 70 Paare oder Rudel. Auf der Suche nach Nahrung tun sie, was Wölfe tun: Sie fressen das Wild in den Wäldern, aber auch Weidetiere wie Schafe und Ziegen, und lassen den alten Konflikt Wolf–Mensch wieder aufleben, allerdings in einer neuen Version. Betroffene Landwirte erhalten Ausgleichszahlungen, gefährdete Herden werden mit Elektrozäunen oder speziellen Schutzhunden – z. B. von Pyrenäenberghunden – gesichert. Wölfe, welche die Angst vor den Menschen verloren haben, werden unter Umständen in andere Regionen gebracht oder – in Ausnahmefällen – getötet.

DER WOLF IN GEFAHR

Der Lebensraum der Wölfe hat sich stark verändert, neue Einschränkungen und Gefahren sind hinzugekommen. Der Raum für die Räuber ist immer eingeschränkter und von Straßen und Bahnlinien zerteilt. Von 1990 bis zum Beginn des Jahres 2018 wurden 233 tote Wölfe gefunden. Durch Unfälle im Verkehr starben 162 Tiere, 32 wurden illegal getötet – eine Straftat, die übrigens eine Freiheitsstrafe nach sich ziehen kann.

AUS WEITER FERNE ZUGEREIST

Der Zufall brachte sie oft über viele Tausend Kilometer zu uns, sie reisten mit Warensendungen oder als blinde Passagiere auf Schiffen. Andere exotische Tierarten wurden von Menschen als Haustiere eingeführt, sollten in Aquarien und Terrarien leben, fanden aber dann doch einen Weg in die Freiheit oder wurden freigelassen, wenn die Menschen das Interesse an ihn verloren. Unsere Natur war nicht auf sie vorbereitet – und weil niemand mit ihnen gerechnet hatte und niemand wusste, was geschehen würde, wenn die Fremden ihr Leben unter den Einheimischen führen würden, verloren die bis ins kleinste Detail ausgewogenen Lebensgemeinschaften der einheimischen Pflanzen und Tiere ihr Gleichgewicht. In seltenen Grenzfällen fanden die Zuwanderer eine Nische, in der sie überleben konnten, ohne Schaden anzurichten.

GROSSE ACHATSCHNECKE (OSTAFRIKANISCHE RIESENSCHNECKE)

GEFAHRENPOTENZIAL
III

DIE SCHLEICHENDE GEFAHR

Die bei uns vorkommenden Schneckenarten sind im Vergleich zur Großen Achatschnecke winzig. Zum Glück sind die Weichtiere aus Ostafrika noch nicht bis in unser Freiland vorgedrungen. Wer einen Garten besitzt, hat schon genug Probleme mit der ebenfalls eingewanderten Spanischen Wegschnecke (*Arion vulgaris*). Diese Art ist nur halb so groß wie die afrikanischen Riesen, die bei der Wahl ihrer Nahrung alles andere als wählerisch sind: Über 500 Pflanzenarten stehen auf ihrem Speiseplan, und sie machen nicht einmal vor Materialien wie dem Putz an den Wänden eines Hauses halt, weil sie ihren Kalkbedarf decken müssen. Hinzu kommt, dass die afrikanische Schneckenart eine ganze Reihe von Krankheitserregern übertragen kann, darunter auch ein Wurm, der die Meningitis (Hirnhautentzündung) in sich trägt.

SCHNECKE GEGEN SCHNECKE?

Dort, wo die Afrikanische Riesenschnecke zur Gefahr für Gärtnerei und Ackerbau wurde, versuchte man, sie mit biologischen Mitteln zu bekämpfen. Auf Hawaii wurde die räuberisch lebende, etwa 7 cm lange Rosige Wolfsschnecke (*Euglandina rosea*) auf die Große Achatschnecke angesetzt. Doch die kleinen Räuber zogen einfachere Beute vor und rotteten mehrere Schneckenarten aus, statt die afrikanischen Riesen zu besiegen.

STECKBRIEF

LATEINISCHER NAME: *Achatina Fulica*

KÖRPERLÄNGE: bis zu 30 cm, Gehäuse bis zu 20 cm

GEWICHT: 200–300 g, maximal 500 g

LEBENSALTER: 5–6 Jahre, in Gefangenschaft bis zu 10 Jahren

FARBE: beigebraun bis braun, wechselnde Muster

URSPRÜNGLICHE HEIMAT: afrikanische Ostküste

NAHRUNG: bis zu 500 Pflanzenarten, Obst, Gemüse, Blattwerk, kalkhaltige Zusatznahrung

ASIATISCHE TIGERMÜCKE

GEFAHREN-
POTENZIAL

KLEIN, ABER GEMEIN

… könnte man glauben, wenn man sieht, welche Schäden die Asiatische Tigermücke bei uns anrichten kann. Ihre Stiche sind nicht sonderlich gefährlich, würde das Insekt nicht gleich in Serie zustechen. Tigermücken-Weibchen stechen vor allem in den Morgen- und Abendstunden – die Männchen stechen nicht und sind etwa um ein Fünftel kleiner als die Weibchen. Mit jedem neuen Opfer erhöht sich die Gefahr, dass Bakterien und Viren aus dem Blut der anderen gestochenen Warmblüter übertragen werden. Tigermücken stechen nicht in böser Absicht – sie leben einfach nur so, wie es ihrem natürlichen Verhalten entspricht.
Wo sie einmal geeignete Lebensbedingungen gefunden haben, sind sie immer wieder anzutreffen: Jedes Weibchen legt im Laufe seines Lebens etwa 300 Eier – was wieder viele neue Mücken bedeutet …

GEFAHR NEUER KRANKHEITEN

Die schlimmste Gefahr: Die Asiatische Tigermücke ist Überträger des Dengue-Fiebers. Mit ihr reisten die Erreger zuerst nach Frankreich und Italien, aber mit jeder Warenlieferung aus der asiatischen Heimat dieses Insekts kommen neue Landstriche und Regionen in Gefahr. Eine andere Krankheit, deren Viren ebenfalls per Mücke weite Luftreisen unternehmen können, ist das Chikungunya-Fieber. Auf der französischen Insel La Réunion kam es 2006 zu einer Epidemie, fast 300 000 Menschen erkrankten, 248 starben an der Krankheit.

ANDERE MÜCKEN, ANDERE KRANKHEITEN

Warum treten tropische Krankheiten manchmal plötzlich bei Menschen auf, die Mitteleuropa nie verlassen haben? Mit einer bestimmten Sandmückenart (*Phlebotomus mascittii*) kamen die Erreger der Leishmaniose, einer Parasitenkrankheit, die nur schwer zu behandeln und nicht zu heilen ist, nach Süd- und Südwesteuropa. Mittlerweile haben Sandmücken auch Deutschland erreicht – genau wie auch die Anopheles-Mücke, deren Stiche den Malaria-Erreger übertragen können.

STECKBRIEF

LATEINISCHER NAME: *Stegomyia albopicta*

KÖRPERLÄNGE: 2–10 mm

LEBENSALTER: als fertiges Insekt eine bis vier Wochen

FARBE: auffällige schwarz-weiße Musterung

URSPRÜNGLICHE HEIMAT: Süd- und Südostasien

NAHRUNG: Blut und Nektar

ASIATISCHE HORNISSE

GEFAHREN-POTENZIAL

STECKBRIEF

LATEINISCHER NAME: *Vespa velutina nigrithorax*

KÖRPERLÄNGE: 1,7–2,4 cm, Königin 3 cm

LEBENSALTER: Arbeiterinnen 2–3 Wochen, Königin ca. 1 Jahr

FARBE: schwarz, schwarz-braune Behaarung

URSPRÜNGLICHE HEIMAT: Südostasien, nach Europa eingeschleppt

NAHRUNG: Nektar, Obst und Baumsäfte für die erwachsenen Insekten; die Larven werden mit eiweißhaltiger Nahrung gefüttert, mit anderen Insekten, speziellen Honigbienen

SCHNELL UND GEFÄHRLICH

Die 2005 erstmals in Südwestfrankreich entdeckte Wespenart breitet sich in Europa schnell aus und erreichte 2011 das Bundesland Rheinland-Pfalz. Die Art bildet Nester mit bis zu 2000 Arbeiterinnen und ist gefährlich für Honigbienen, denen die Hornissen gezielt auflauern. Sie bilden Gruppen und fangen die vom Sammelflug heimkehrenden Honigbienen am Flugloch ab. Berichte über größere Schäden an Bienenstöcken gibt es allerdings nicht. Als geschickte Flieger – über kürzere Strecken sogar rückwärts – können Asiatische Hornissen auch größere Insekten wie Schmetterlinge und Libellen erbeuten.

FÜR MENSCHEN UNGEFÄHRLICH

Ähnlich wie die heimischen Europäischen Hornissen (*Vespa crabro*) sind Asiatische Hornissen den Menschen gegenüber friedfertige Tiere. Sie stechen nur, wenn sie sich oder ihr Nest verteidigen müssen. Hin und wieder wird die Asiatische Hornisse mit der deutlich größeren, bis zu 4,5 cm langen Asiatischen Riesenhornisse verwechselt, die aber bisher Europa noch nicht erreicht hat.

BISAM

GEFAHREN-
POTENZIAL

STECKBRIEF

LATEINISCHER NAME: *Ondatra zibethicus*

KÖRPERLÄNGE: 35 cm, Schwanz 20 cm

GEWICHT: 2 kg

LEBENSALTER: 3–5 Jahre, in Gefangenschaft bis zu 10 Jahren

FARBE: braun

URSPRÜNGLICHE HEIMAT: in allen Gewässern Nordamerikas

NAHRUNG: Allesfresser

SIE KAMEN VOR MEHR ALS 100 JAHREN

In Tschechien wurden 1905 erstmals zwei Paare in Freiheit gesetzt, weitere folgten in Frankreich und der Sowjetunion. Was als Bereicherung der regionalen Tierwelt gedacht war, uferte schnell aus: Bisams verbreiteten sich in wenigen Jahrzehnten in ganz Europa – sie vergrößerten ihren Lebensraum über die großen Flüsse. Perfekt an das Leben im Wasser angepasst, finden sie sich heute in jedem Gewässertyp.

DIE GEFAHR IM UNTERGRUND

Die zu den Wühlmäusen zählenden Bisamratten, auch einfach als Bisam bezeichnet, sind nicht überall willkommen. Zwar sind sie kleiner als Nutria und Biber, mit denen sie sich den Lebensraum teilen, aber auch sie können in einheimischen Biotopen Schaden anrichten. Sie bauen Burgen aus Astwerk und Schilf, leben aber auch häufig in Erdhöhlen in den Böschungen der Gewässer, was deren Festigkeit zerstören kann. Dämme und Deiche werden so brüchig und halten dem Wasser nicht mehr stand. In Teichen kann der Wasserstand sinken, Zuchtfische kommen in Gefahr.

DAS GROSSE FRESSEN

Anders als Nutria und Biber sind Bisams keine Vegetarier, sondern Allesfresser. Während Nutrias seltene Wasserpflanzen in Gefahr bringen, stellen Bisamratten Krebsen, Kröten und Fröschen nach und zerstören auch Laich und Muscheln. Die größte Bedrohung geht von ihrer großen Zahl aus: Nach nur 30 Tagen Tragezeit kann ein Weibchen bis zu neun Junge auf die Welt bringen, und das mehrfach im Jahr. So viele Individuen haben einen hohen Nahrungsbedarf.

ASIATISCHER MARIENKÄFER

GEFAHREN-
POTENZIAL
III

AUF DIE PUNKTE KOMMT ES AN

Die bei uns am häufigsten verbreitete Art von Marienkäfern ist der Siebenpunkt. Ihn zieren sieben schwarze Punkte auf rotem Untergrund. Es gibt aber über 80 heimische Marienkäferarten unterschiedlichen Aussehens, die schwierig zu unterscheiden sind. Nun kommt auch noch der Asiatische Marienkäfer hinzu – etwas größer als der Siebenpunkt und meist mit 19 Punkten auf den Flügeldecken, aber – und das macht die Angelegenheit noch schwieriger – sehr unterschiedlich im Erscheinungsbild. Die schwarzen Punkte können größer oder kleiner sein, bedecken unter Umständen die ganzen Flügel, sodass es Musterungen in zahllosen Varianten gibt – kaum ein Käfer sieht aus wie der andere.

ALS WUNDERWAFFE EINGEFÜHRT

Es geschah zum Anfang des 20. Jahrhunderts: Farmer und Gärtner in den USA und in Europa waren begeistert über eine scheinbar großartige Lösung zur ökologischen Schädlingsbekämpfung: mit einem Käfer gegen die unerwünschten Läuse vorgehen! Beeindruckt von der Wirkung dieser sechsbeinigen Wunderwaffe, führten sie eine Art aus Asien in großer Menge ein. Asiatische Marienkäfer sind wahre Fressmaschinen, die an einem einzigen Tag 100 bis 270 Blattläuse vertilgen können. So weit, so gut – doch machte der Hunger der Schädlingsbekämpfer auch vor anderen, durchaus erwünschten Tierarten nicht halt. Asiatische Marienkäfer fressen auch andere Insekten ohne harten Schutzpanzer, wie etwa andere Marienkäferarten, z. B. den einheimischen Siebenpunkt. Sie verschmähen auch Insekteneier, Larven und Puppen nicht und schrecken nicht einmal vor Kannibalismus zurück. So stellen sie eine Gefahr für unsere einheimischen Biotope dar. An vielen Stellen in Europa treten sie unterdessen in großen Schwärmen auf, wenn sie Plätze für die Überwinterung suchen, besonders in der Schweiz. Einzelne Tiere werden im Süden Großbritanniens, in Frankreich und Belgien und im Westen Deutschlands gefunden.

STECKBRIEF

LATEINISCHER NAME: *Harmonia axyridis*

KÖRPERLÄNGE: 6–8 mm

LEBENSALTER: 2–3 Jahre

FARBE: viele unterschiedliche Farbvarianten

URSPRÜNGLICHE HEIMAT: China, Japan, Korea, Mongolei, südliches Russland, andere ostasiatische Gebiete

NAHRUNG: Blattläuse und andere Insekten

DER ZUWANDERER IST STÄRKER

Schon von seiner Größe her ist der Käfer aus Asien unseren einheimischen Tieren überlegen. Besondere Stoffe in seinem Blut schützen ihn außerdem vor Krankheiten, welche die einheimischen Arten stark dezimieren können. Die Wissenschaft arbeitet daran, aus den Schutzstoffen der asiatischen Käfer Medikamente auch für die Behandlung menschlicher Erkrankungen herzustellen.

ZU VIELE KÄFER VERDERBEN DEN WEIN

Kaum zu glauben: Der Asiatische Marienkäfer ist ein Feind der Winzer, obwohl er Läuse von den Reben frisst! Mit den geernteten Trauben kommen immer wieder auch Tiere in die Verarbeitung, die mit den Trauben zerquetscht werden und den Most und später den Wein im Geschmack verderben. Das Blut der Marienkäfer enthält Bitterstoffe, die Fressfeinde abschrecken sollen, und macht aus wohlschmeckenden Weinen fragwürdige Getränke, die ganz und gar unerwünscht bitter, nach Paprika, Erdnussbutter oder Spargel schmecken können.

BUCHSBAUM-ZÜNSLER

GEFAHREN-POTENZIAL ||||

STECKBRIEF

LATEINISCHER NAME: *Cydalima perspectalis*

KÖRPERLÄNGE: Falter bis zu 4,5 cm Spannweite; Raupe 5 cm

LEBENSALTER: Raupe 2–3 Monate, Falter nur etwa 9 Tage

FARBE: Falter weiß mit braunem Flügelrand; Raupe gelblich grün mit schwarz-weißen Streifen

URSPRÜNGLICHE HEIMAT: Ostasien

NAHRUNG: Buchsbaum, bei starkem Befall Kahlfraß

DIE RAUPE IST DER TÄTER

Der aus Ostasien stammende Kleinschmetterling selbst stellt keine direkte Gefahr dar. Aber seine Raupen befallen Buchsbaumpflanzen und zerstören sie von innen her. Zunächst fressen sie die Blätter der Pflanze, dann die grüne Rinde der Zweige und zerstören damit bei starkem Befall die ganze Pflanze. Nicht nur in privaten Gärten, sondern auch in öffentlichen Parkanlagen richten die asiatischen Zuwanderer großen Schaden an. Mancherorts verzichtet man bereits auf Buchsbaumpflanzen und ersetzt sie durch Ilex- oder Ligusterarten.

SELBSTSCHUTZ DURCH GIFT

Eine Bekämpfung der Raupen durch Fressfeinde fällt schwer. Die Raupen lagern nämlich die in den Blättern des Buchsbaums enthaltenen Gifte in ihrem Körper ein. Junge Raupen fressen besonders gern alte Blätter, die einen hohen Wirkstoffgehalt haben, und schützen sich so vor Fressfeinden. Außerdem sorgen die Wirkstoffe des Buchsbaums dafür, dass die Raupen bitter schmecken und dadurch ungenießbar werden – ein perfekter Schutz.

GRASKARPFEN

GEFAHREN-POTENZIAL
II

IN EUROPA VERBREITET, ABER ...

... mit der Vermehrung klappt es nicht. Graskarpfen – weder er noch der Silberkarpfen sind übrigens mit dem heimischen Karpfen verwandt – brauchen für die Fortpflanzung Wassertemperaturen um 25 °C, und das ist ein Glück für die europäischen Flüsse. In den USA haben sich Graskarpfen in manchen Regionen ähnlich stark verbreitet wie der mit ihnen verwandte Silberkarpfen. Beide Arten wurden eingeführt und in Seen, Teichen und Flüssen ausgesetzt, um »Unterwasser-Unkräuter« – Algen und unerwünschte Wasserpflanzen – zu bekämpfen. Mit der Vermehrung funktioniert es in den warmen Regionen der Vereinigten Staaten, und so konnten sich die Fische großflächig ausbreiten. Sie sind auch ausgesprochen wanderfreudig und haben viele Hundert Kilometern in den Flusssystemen zurückgelegt. Auch in den Staaten der ehemaligen Sowjetunion, in Kasachstan und den Ländern Zentralasiens sind Graskarpfen mittlerweile heimisch.

STECKBRIEF

LATEINISCHER NAME: *Ctenopharyngodon idella*
KÖRPERLÄNGE: bis zu 1,2 m
GEWICHT: bis zu 40 kg
LEBENSALTER: 15–20 Jahre
FARBE: Rücken dunkelgrün bis grün-schwarz
URSPRÜNGLICHE HEIMAT: China
NAHRUNG: weiche Wasserpflanzen, Netzalgen, aber auch Schilf, Rohrkolben und Binsen

GRAUHÖRNCHEN

GEFAHREN-POTENZIAL
III

STECKBRIEF

LATEINISCHER NAME: *Sciurus carolinensis*

KÖRPERLÄNGE: Körper-Rumpf bis 30 cm, Schwanz ca. 20 cm

GEWICHT: 400–700 g

LEBENSALTER: 6–13 Jahre, in Gefangenschaft mehr als 15 Jahre

FARBE: graubraun mit hellen Fellpartien

URSPRÜNGLICHE HEIMAT: Nordamerika

NAHRUNG: Baumzapfen, Nüsse, Beeren, Pilze und Insekten

HEIMISCHE EICHHÖRNCHEN WERDEN VERDRÄNGT

In der Lebensweise scheint sich das Grauhörnchen kaum vom heimischen Eichhörnchen zu unterscheiden, aber die Tiere sind widerstandsfähiger und wanderfreudiger als die einheimischen braunen Eichhörnchen. Außerdem können sie Laub- und Mischwälder besiedeln, ein Lebensraum, den das braune Eichhörnchen nicht besonders liebt – es zieht Nadelwälder vor. In England, wo Grauhörnchen erstmals ausgesetzt wurden, hat es die europäische Art schon weitgehend verdrängt. Und auch in Deutschland finden sich immer mehr Bestände.

Die Bekämpfung dieser invasiven Art ist auch aus psychologischen Gründen schwierig. Wer mag schon darüber nachdenken, wie man derart niedliche Tiere am besten töten kann? Andererseits: Wird die europäische Natur nicht ärmer, wenn es keine braunen Eichhörnchen mehr gibt?

ROTE FEUER-ARMEISE

GEFAHREN-POTENZIAL

DIE UNBESIEGBAREN

Wer voraussagt, dass eines Tages die Insekten die Welt beherrschen könnten, meint mit seiner Warnung vielleicht die Rote Feuerameise. Nicht umsonst heißt diese aus Südamerika stammende Ameisenart *invicta* – die Unbesiegte. Auch einige andere Ameisenarten wie etwa die Argentinische Ameise (*Linepithema humile*) oder die Gelbe Spinnerameise (*Anoplolepis gracilipes*) zählen zu den äußerst aggressiven Arten und haben das Potenzial, Superkolonien zu bilden und zu einer geradezu biblischen Plage zu werden. Ihre gigantischen Ameisenstaaten können sich über Hunderte Kilometer erstrecken und aus Tausenden Königinnen und Milliarden Arbeiterinnen bestehen. Einheimische Ameisenarten werden ausgemerzt, andere Insekten fallen ihnen als Beute zum Opfer.

EINE GEFAHR AUCH FÜR MENSCHEN

Aggressiv, wie sie sind, machen Feuerameisen aber auch vor Menschen und ihren Ansiedlungen nicht halt. Ihre Bisse

brennen wie Feuer, Allergiker laufen Gefahr, einen allergischen Schock zu erleiden. Überall, wo sie auftauchen, geraten ganze Ökosysteme in Gefahr. Besonders stark sind die südlichen Staaten der Vereinigten Staaten, China und Taiwan sowie Australien befallen. Auf der australischen Weihnachtsinsel drohen Spinnerameisen eine einzigartige Natur mit seltenen Vogelarten und Millionen von Roten Landkrabben zu zerstören.

WIR HABEN SIE SELBER GEHOLT

An der Verbreitung der Feuerameisen sind Menschen nicht unschuldig. Anfangs wurden sie als Biowaffe gegen Schädlinge in der Landwirtschaft eingesetzt, wo sie unter den unerwünschten Arten aufräumten, aber auch die heimischen Ameisen angriffen. Es stellte sich heraus, dass der von den Feuerameisen angerichtete Schaden weitaus größer ist als ihr Nutzen.

Mittlerweile werden wiederum andere Insektenarten gegen die Feuerameise eingesetzt – allerdings mit geringem Erfolg. Buckelfliegen aus Brasilien attackieren die Ameisen im Sturzflug, bohren sie mit einem Legestachel an und legen ein Ei in ihren Hinterleib. Die Fliegenlarve schwächt die Ameise und tötet sie schließlich. Der Ameisenstaat gerät dadurch aber nicht in Gefahr. Immerhin werden die Alltagsgeschäfte wie Nahrungsbeschaffung, Nestbau und Brutpflege gestört.

STECKBRIEF

LATEINISCHER NAME: *Solenopsis invicta*

KÖRPERLÄNGE: 2–6 mm

LEBENSALTER: bei Arbeiterinnen je nach Größe 30–160 Tage; Königinnen 5–7 Jahre

FARBE: rötlich braun

URSPRÜNGLICHE HEIMAT: Südamerika

NAHRUNG: tote Insekten, Würmer und Larven; Honig und Honigtau

GOLDFISCH

GEFAHREN-
POTENZIAL

AUS DEM AQUARIUM IN DIE FREIE WILDBAHN

Seine Freiheit in unserer Natur verdankt der Goldfisch seiner Wachstumsgeschwindigkeit: Für das Aquarium angeschafft, wird er schnell zu groß, und seine menschlichen Besitzer haben keine bessere Idee, als ihn in irgendeinem Gewässer in der Nähe freizulassen. Auch vermehren sich Goldfische sehr schnell. Die Vorfahren der leuchtend farbigen Zuchtform kommen aus Asien und werden Giebel oder Silberkarausche genannt, lateinisch *Carassius gibelio*. Als Zierfisch tauchte der Goldfisch erstmals im 17. Jahrhundert in England auf, und seit dieser Zeit haben Aquarianer immer wieder Goldfische ausgesetzt, sodass sie mittlerweile vielerorts in Mitteleuropa vorkommen.

STECKBRIEF

LATEINISCHER NAME: *Carassius gibelio forma auratus*

KÖRPERLÄNGE: im Aquarium bis 30 cm, im freien Wasser bis zu 35 cm

GEWICHT: bis 1 kg, selten bis zu 3 kg

LEBENSALTER: 20–25 Jahre

FARBE: kräftig rot

URSPRÜNGLICHE HEIMAT: Ostasien

NAHRUNG: Allesfresse; im Wasser lebende Kleintiere, Algen und Wasserpflanzen

EINE SANFTE GEFAHR

So gemütlich und harmlos, wie Goldfische auch aussehen – sie sind eine Gefahr für die heimische Tierwelt. Der Grund dafür sind ihre Ernährungsgewohnheiten. Ein einziger Goldfisch vertilgt zahllose Wasserinsekten und frisst so viel Laich bestimmter Amphibienarten, dass der Bestand in Gefahr gerät. Weil Goldfische sehr langlebig sind, beherrschen sie ein Gewässer für lange Zeit. Entfernen lassen sie sich nur schwer – eigentlich nur, indem man das Wasser des Teiches ablässt. Das ist aber, aus Rücksicht auf die übrigen Tierarten, nur selten möglich.

SORGSAM ENTSORGEN

Wird der Goldfisch im Aquarium zu groß, besteht die Möglichkeit, einen Umzug in einen Gartenteich speziell für Goldfische zu versuchen. Wer keinen eigenen Teich hat, kann ihn möglicherweise verschenken. Vielleicht freut sich ein Nachbar sogar darüber. Auch der Tierhändler kann vielleicht dabei helfen, eine neue Heimat für den allzu sehr gewachsenen Fisch in einem deutlich größeren Aquarium zu vermitteln.

EUROPÄISCHE GOTTES-ANBETERIN

GEFAHREN-POTENZIAL
I

ZUGEWANDERT, ABER GEFÄHRDET

Seit 1997 steht die Europäische Gottesanbeterin auf der Liste der gefährdeten Arten, sie ist aber eigentlich eine Zuwanderin, denn sie stammt aus Afrika und ist über Südeuropa immer weiter nach Norden eingereist. Bereits im 18. Jahrhundert ist ihr Vorkommen in Mitteleuropa dokumentiert. Zwischenzeitlich galt sie aber als ausgestorben. Seit den 1990er-Jahren findet man sie wieder vereinzelt, allerdings siedelt sich dieses Insekt nur in Wärmeinseln an, es gibt keine flächendeckende Verbreitung. Im Spätherbst sterben die Insekten, sie überleben in Form ihrer Eier. Andere Tierarten gefährdet die Gottesanbeterin durch ihre Lebensweise und ihre geringe Verbreitung nicht.

EIN ULTRASCHNELLER RÄUBER

Die Gottesanbeterin zählt zu den Fangschrecken, sie erbeutet ihre Nahrung auf ganz besondere Weise. Zunächst fixiert sie ein Beutetier mit ihren großen Facettenaugen, und sobald es in Reichweite ist, schnellen ihre beiden Fangbeine vor und ergreifen die Beute. Dornen an den Beinen sorgen dafür, dass das Opfer, einmal ergriffen, nicht mehr entkommen kann. Der Angriff dauert nur Bruchteile von Sekunden, genauer gesagt 0,05 bis 0,06 Sekunden.

STECKBRIEF

LATEINISCHER NAME: *Mantis religiosa*

KÖRPERLÄNGE: Weibchen bis zu 7,5 cm, Männchen bis zu 6 cm

GEWICHT: bis zu 8 g

LEBENSALTER: 7–12 Monate

FARBE: zartgrün bis braun, seltener auch schwarz

URSPRÜNGLICHE HEIMAT: Afrika, Asien

NAHRUNG: Bienen, Wespen, Fliegen, Heuschrecken und andere Insekten; Spinnen, seltener auch kleine Wirbeltiere wie Mäuse, Frösche und Eidechsen

HALSBANDSITTICH

GEFAHREN-
POTENZIAL
1

HARMLOSE AUSBRECHER

Sie alle kommen aus der Gefangenschaft: Frei lebende Halsbandsittiche haben in Mitteleuropa meist aus Volieren entkommene Vorfahren. Sie zählen, im Gegensatz zu anderen zugewanderten Tierarten, nicht zu den Schädlingen. Sie bevorzugen Parks und Grünanlagen als Lebensraum, ihr Verbreitungsgebiet ist inselartig begrenzt. Zu finden sind sie im Raum Paris, in der Nähe von Großstädten in Belgien und in den Niederlanden. In Köln leben etwa 3000 Exemplare in Freiheit, viele davon im Botanischen Garten Flora und im Zoo, wo es ziemlich einfach ist, Futter zu stibitzen. Da sie keinen ökologischen Schaden anrichten, erfreuen sie Spaziergänger und Besucher durch ihr schönes Aussehen und ihre Flugkunststücke im Schwarm. Allerdings können sie mit ihrem lauten, lärmenden Geschrei Anwohner auch erheblich stören.

NOCH ZU BESUCH UND OHNE FESTEN WOHNSITZ

Nicht nur eine exotische Vogelart sucht bei uns nach neuem Lebensraum. Schwärme von Großen Alexandersittichen, Vögel, die etwas größer als der Halsbandsittich sind, fühlen sich rund um das Schloss Biebrich in Wiesbaden oder in alten Baumbeständen in den Parks von Mainz wohl. Noch gibt es hier keinen festen Bestand. In Stuttgart versuchen ein paar Dutzend Paare der Gelbscheitelamazone oder Gelbkopfamazone dauerhaft Fuß zu fassen. Sie haben sich rund um den Schlossgarten angesiedelt. Aber auch für diese Art lässt sich noch nicht sagen, ob sie sich dauerhaft in diesem Lebensraum halten wird.

STECKBRIEF

LATEINISCHER NAME: *Psittacula krameri*

KÖRPERLÄNGE: Körper ca. 20 cm, Gesamtlänge mit Schwanz 40–43 cm

GEWICHT: 90–120 g

LEBENSALTER: bis zu 20 Jahren

FARBE: gelbgrün, hellerer Bauch

URSPRÜNGLICHE HEIMAT: weite Teile Afrikas, Indien, Bangladesch, Myanmar, Sri Lanka

NAHRUNG: Samen, Beeren, Nüsse, Knospen unterschiedlicher Pflanzen, verschiedene Insekten

KANADAGANS

GEFAHREN-
POTENZIAL
III

NEUBÜRGER, DURCHZÜGLER UND WINTERGÄSTE

Viele Kanadagänse sind Zugvögel und kommen, um bei uns zu überwintern. Seit etwa 1970 wurden Kanadagänse in Deutschland angesiedelt. Sie sind die größte bei uns lebende Gänseart, größer auch als die heimische Graugans, und mittlerweile vielerorts in Deutschland zu finden, ihre Zahl wächst beständig. Sie leben wie im Gänseparadies – es gibt keine natürlichen Feinde und Futter in großer Menge.

Draußen in der freien Natur werden Kanadagänse gern gesehen, aber nicht überall sind sie willkommen. Landwirte und manche Stadtbewohner sehen sie als ungebetene Gäste. Das hat seine Gründe.

WAS DIE GÄNSE SO ANRICHTEN

Kanadagänse weiden auf Wiesen und Feldern und bedienen sich dabei an Futter- und Gemüsepflanzen, welche die Bauern entweder als Nahrung für ihr Vieh oder als Ware für den Verkauf vorgesehen hatten. Eine größere Gruppe Gänse kann großen Schaden anrichten.

In Stadtparks und an Badeseen stört weniger, was die Tiere fressen, als das, was hinten rauskommt: Die Exkremente der Kanadagänse verschmutzen die Umgebung von Teichen und die Wiesen in Parks – bis zu 170-mal am Tag erleichtern sich die Tiere. In manchen Parks haben sich unterdessen mehrere Hundert Kanadagänse versammelt. Gänsekot kann sogar dazu führen, dass kleinere Gewässer »umkippen« – sie werden überdüngt, jedes Leben in ihnen erlischt, weil der Sauerstoff im Wasser fehlt.

IMMER AUFDRINGLICHER

Kanadagänse gewöhnen sich schnell an Menschen und verlieren ihre Scheu. Warum auch vorsichtig sein – gibt es doch eine ganze Anzahl von Zweibeinern, welche die Gänse füttern! Wer in einem Park ein Picknick machen möchte, muss mittlerweile mit gefiederten Gästen rechnen. Auch vor Liegewiesen an Badeseen und Wasserspielplätzen machen sie nicht halt. Ein Schild »Füttern verboten!« ist nur der erste Schritt, um die Gänseplage einzudämmen. Vieles wird unternommen: Mit Zäunen versuchen die Stadtverwaltungen, die Jungtiere – und damit auch ihre Eltern – vom Wasser fernzuhalten. Vom Abspielen von Warnschreien bis hin zum Abschießen einzelner Tiere oder ganzer Gruppen – erfolgreich sind diese Maßnahmen nicht. Sind die einen vertrieben, kommen andere nach.

STECKBRIEF

LATEINISCHER NAME: *Branta canadensis*

KÖRPERLÄNGE: 80–105 cm, Spannweite 160–180 cm

GEWICHT: 3,6–5 kg (Weibchen), 4,1–5,5 kg (Männchen)

LEBENSALTER: bis zu 16 Jahren

FARBE: mehrfarbig

URSPRÜNGLICHE HEIMAT: Nordamerika, Kanada und die Vereinigten Staaten

NAHRUNG: Gräser, Sumpf- und Wasserpflanzen; Kanadagänse weiden auch unter Wasser

MINK

GEFAHREN-
POTENZIAL

ER KAM ALS FLÜCHTLING

Eingeführt wurden sie wegen ihres Pelzes – und vielleicht weil man ihnen an den Kragen wollte, flohen einige Minks von Pelztierfarmen und siedelten sich in der freien Natur an. Andere Minks wurden ausgesetzt oder von militanten Tierschützern befreit. In Skandinavien sind sie mittlerweile in großer Zahl zu finden, auch in Deutschland sind sie auf dem Vormarsch. Es gibt Bestände in Schleswig-Holstein, und – von Ostdeutschland kommend – breiten sich Minks in der Rhein-Main-Region aus.

RÄUBER ZU LAND UND ZU WASSER

Der nordamerikanische Nerz, wie der Mink auch genannt wird, liebt feuchte Waldgebiete mit stehenden und fließenden Gewässern, ist ein guter Schwimmer und kann seine Beute deshalb an Land – auch auf Inseln – und im Wasser erreichen. Dadurch sind auch die Nester vieler Wasservögel in Gefahr. Manche Arten wie die Rohrdommel und die Zwergdommel sind seinetwegen dem Aussterben nahe.

PLATZ IM ÖKOSYSTEM

Anders als manchmal beschrieben, ist der Mink aber keine gierige Fressmaschine. Er frisst nicht mehr und nicht weniger als die Tierart, an deren Stelle im einheimischen Ökosystem er tritt. Er fügt sich in die Lücke ein, die der Europäische Nerz (*Mustela lutreola*) hinterlässt, der durch unverhältnismäßige Bejagung und den Verlust seiner Lebensräume fast überall verschwunden ist. Minke sind ein Beispiel dafür, dass sich auch Zuwanderer gut integrieren können.

STECKBRIEF

LATEINISCHER NAME: *Mustela vison*
KÖRPERLÄNGE: 30–45 cm
GEWICHT: 0,5–2,5 kg
LEBENSALTER: 3–5 Jahre
FARBE: dunkelbraun
URSPRÜNGLICHE HEIMAT: Nordamerika
NAHRUNG: Enten, Möwen, Hasen und Kaninchen, Kröten, Frösche und Eidechsen, Insekten, Eier und Jungvögel

MARDERHUND

GEFAHREN-
POTENZIAL
III

NACHTAKTIVE RÄUBER

Noch ist der Zuwanderer bei uns selten, aber er breitet sich weiter aus – meist unbemerkt, denn er lebt in Gebüschen, Hecken und Wäldern mit dichtem Unterholz. Marderhunde, auch Enoks genannt, gehören zu den nachtaktiven Raubtieren: Tagsüber schlafen sie in ihren möglichst unzugänglichen Verstecken, nachts gehen sie auf Raubzug. Ihre Beute: kleine Säugetiere wie Mäuse, Haselmäuse und Ratten, Vögel, deren Eier, Kröten und Frösche, Schnecken, Insekten und Beeren. Je später das Jahr, desto wichtiger wird die Beute: Zwar schützt sie ihr dichtes, langhaariges Fell, doch müssen sie für den Winter vorsorgen. Sie machen zwar keinen Winterschlaf, ruhen aber in den kalten Monaten sehr viel und suchen dann nicht nach Nahrung. Deshalb fressen sie sich im Herbst, wenn möglich, Winterspeck an.

AUCH MIT MASKE, ABER NICHT VERWANDT

Obwohl sie beide ein bisschen wie maskierte Banditen aussehen und einander mit ihrer schwarzweißen Gesichtsmaske ähneln, sind Waschbär und Marderhund nicht miteinander verwandt. Nähere Verwandte des Marderhundes sind der Fuchs und der Haushund. Dem Waschbär nahe stehen biologisch z. B. andere Kleinbären wie der Nasenbär und der Wickelbär.

EINE GEFAHR FÜR DIE UMWELT?

Über das Gefährdungspotenzial des Marderhundes ist sich die Wissenschaft noch nicht einig. Zwar stehen Marderhunde in Verdacht, den Vogelbestand in manchen Biotopen zu gefährden, doch gibt es noch keine wissenschaftlichen Untersuchungen zu ihrem ökologischen Fußabdruck.

GUTE CHANCEN MIT WENIGEN FEINDEN

Jungtiere werden hin und wieder vom Uhu erbeutet. Erwachsene Marderhunde müssen nur den Luchs, den Wolf und den Braunbär als natürliche Feinde fürchten. Diese Räuber sind bei uns sehr selten oder sogar ausgestorben. Deshalb breiten sich Marderhunde in Europa immer weiter aus.

STECKBRIEF

LATEINISCHER NAME: *Nyctereutes procyonoides*

KÖRPERLÄNGE: 45–75 cm, Schwanz bis zu 25 cm

GEWICHT: 4–8 kg

LEBENSALTER: bis zu 20 Jahren

FARBE: beigegrau, schwarzbraun, mit Gesichtsmaske

URSPRÜNGLICHE HEIMAT: Japan und Ostasien

NAHRUNG: Allesfresser; Früchte, Mais, Kleinsäuger, Vögel, Kröten, Frösche und Eidechsen, verschiedene Pflanzen

ZWERG- ODER KATZENWELS

GEFAHREN-POTENZIAL IIII

STECKBRIEF

LATEINISCHER NAME: *Ameiurus nebulosus*

KÖRPERLÄNGE: 35–50 cm

GEWICHT: bis 2 kg

LEBENSALTER: bis zu 5 Jahren

FARBE: braungrau, grauschwarz

URSPRÜNGLICHE HEIMAT: Nordamerika

NAHRUNG: Allesfresser; Fischlaich, Fische, Flusskrebse, Amphibien

EIN BELIEBTER SPEISEFISCH

Der Schwarze Zwergwels kommt in weiten Teilen Nordamerikas vor und wird dort als Speisefisch geschätzt. Deshalb verbreitete er sich schnell, denn er wurde in zahlreiche Gewässer eingesetzt, in denen es keine natürlichen Vorkommen gab.

Auch in Europa hat er seine Verbreitung den Menschen zu verdanken. In Deutschland, der Schweiz, den Niederlanden, in Frankreich, Großbritannien, Italien, Spanien und Russland sorgten Sportfischer und Fischzüchter für zahlreiche Vorkommen in der freien Natur, sodass Zwergwelse in Bächen und Flüssen, Teichen und Seen vorkommen. Überall dort, wo die Strömung des Wassers nicht zu stark ist, fühlen sie sich wohl und Angler freuen sich über wohlschmeckende Fische am Haken.

DIE EXPERTEN STREITEN SICH

Die Meinungen sind geteilt: Achtung, der Zwerg- oder Katzenwels ist ein ausgesprochen gefräßiger Allesfresser; wenige Fische können in einem Gewässer großen Schaden unter den anderen Tierarten anrichten – warnen besorgte Ökologen und Naturfreunde. Andere Fachleute und Experten verkünden, dass der Zuwanderer aus Nordamerika keine nennenswerten Schäden in der einheimischen Tierwelt anrichtet. Genauere Untersuchungen und damit wissenschaftliche Fakten gibt es noch nicht.

SILBER-KARPFEN

GEFAHREN-POTENZIAL
IIII

STECKBRIEF

LATEINISCHER NAME: *Hypophthalmichthys molitrix*

KÖRPERLÄNGE: 0,7–0,9 m, maximal bis 1,3 m

GEWICHT: bis zu 60 kg

LEBENSALTER: bis zu 15 Jahren

FARBE: Rücken dunkelgrünlich bis dunkelgräulich

URSPRÜNGLICHE HEIMAT: Ostasien, Zentralchina

NAHRUNG: Algen und anderes pflanzliches Plankton (Phytoplankton)

INVASIV IN DEN USA

Manche Fischarten, wie etwa der »zugewanderte« Amerikanische Hundsfisch (*Umbra pygmaea*), fügen sich in ein bestehendes Ökosystem ein und bereichern es sogar. So bildet der Amerikanische Hundsfisch in Mitteleuropa mancherorts die Nahrungsgrundlage für den gefährdeten Eisvogel. Andere Fische allerdings können zur Gefahr, ja zu einer Plage werden. So in den 1970er-Jahren in den USA. Dort wurde der aus Asien stammende Silberkarpfen eingeführt, um in den Südstaaten in Arkansas und Mississippi Algen und Plankton in Fischteichen zu bekämpfen. Einige wenige Exemplare konnten in das Flusssystem des Mississippi entkommen oder wurden dort ausgesetzt – und haben sich über alle Maßen stark ausgebreitet, weil sie keine natürlichen Feinde haben. Besonders der Illinois River ist betroffen – dort gibt es mehr Silberkarpfen als irgendwo sonst in den USA. Vermutlich werden sie in den nächsten Jahren auch in den Großen Seen weiter im Norden zu finden sein.

PFLANZENFRESSER – ABER KEINESWEGS HARMLOS

Silberkarpfen gefährden Umwelt und Natur in doppelter Weise: Zum einen bedrohen sie die lokale Fischfauna durch Nahrungskonkurrenz. Zum anderen zeigen sie ein Verhalten, das auch Menschen in Gefahr bringt: Wenn sie erschreckt werden und sich angegriffen fühlen, springen Silberkarpfen hoch aus dem Wasser. Für Angler ist das praktisch, die Fische springen einfach ins Boot. Schnelle Motorbootfahrer sind nicht begeistert. So manchem flogen schon in voller Fahrt 50 kg Fisch ins Gesicht …

NUTRIA

GEFAHREN-POTENZIAL
III

ES GING UM IHREN PELZ

Nutrias kamen zu Anfang des 20. Jahrhunderts als Pelztiere nach Europa. Um die 1930er-Jahre entwichen die ersten Tiere aus Pelztierfarmen oder wurden bewusst ausgesetzt, um wuchernde Wasserpflanzen in Fischteichen zu bekämpfen. Sie überlebten und vermehrten sich in Freiheit, wurden nicht durch Jäger bekämpft und heute gibt es zahlreiche Bestände an vielen deutschen Flüssen. Nutrias sind aber nicht so flächendeckend verbreitet wie Bisamratten.

VIELE JUNGE SICHERN DIE ART

Nutrias vermehren sich extrem schnell. Nach nur 19 Wochen Tragezeit kommen fünf bis acht Junge zur Welt, und das bis zu dreimal im Jahr. Die neue Generation kann nach nur fünf Monaten schon wieder Junge bekommen. Dass es nicht zu einer großen Vermehrungsexplosion kommt, hängt mit dem Klima zusammen: Nutrias haben Probleme, kalte Winter zu überleben, weil sie aus subtropischen Gebieten kommen – viele Tiere schaffen es nicht. Mit einer großen Zahl von Jungen erholt sich der Bestand im Frühjahr wieder, wächst aber nicht über die bisherige Größe.

DAS GROSSE FRESSEN

Nutrias fressen Schilf, Röhricht und andere Wasserpflanzen und verändern dadurch den Lebensraum von Vögeln, die im Schilfgürtel brüten, aber auch von Fischen. Da sie in Gruppen von etwa 15 Tieren leben, ist ihr Nahrungsbedarf hoch. Wenn sie sich an Menschen in ihrer Nähe gewöhnt haben, bedienen sie sich auch in Gärten und auf Feldern und richten dort ebenfalls Schaden an.

STECKBRIEF

LATEINISCHER NAME: *Myocastor coypus*

KÖRPERLÄNGE: bis zu 65 cm, Schwanz 30–35 cm

GEWICHT: 8–10 kg

LEBENSALTER: in Freiheit 3–4, maximal 6 Jahre, in Gefangenschaft bis zu 12 Jahren

FARBE: rotbraun, graubraun, schwarzgrau

URSPRÜNGLICHE HEIMAT: Südamerika

NAHRUNG: Wasserpflanzen; Vegetarier

DAS GROSSE GRABEN

Wie Bisamratten untergraben Nutrias auch Dämme und Deiche für ihre Wohnhöhlen und bringen dabei deren Stabilität in Gefahr. Sie bauen aber auch mit Zweigen verstärkte Schilfburgen. Der Eingang solcher Bauten liegt, anders als beim Biber, immer über der Wasseroberfläche.

NILGANS

GEFAHREN-POTENZIAL III

STECKBRIEF

LATEINISCHER NAME: *Alopochen aegyptiaca*

KÖRPERLÄNGE: *70 cm, Spannweite 1,35–1,55 m*

GEWICHT: Weibchen 1,5–1,8 kg, Männchen 1,9–2,5 kg

LEBENSALTER: bis zu 15 Jahren

FARBE: buntes Gefieder: weiß, schwarz, braun, orange, rotbraun, dunkler Augenfleck

URSPRÜNGLICHE HEIMAT: Afrika

NAHRUNG: Gras, Samen, Würmer, Schnecken

AUS DEN NIEDERLANDEN ZUGEWANDERT

Bereits im 18. Jahrhundert wurden Nilgänse in Europa als Ziervögel gehalten. Es dauerte aber bis in die 1970er-Jahre, bis entflogene Vögel sich in Freiheit ausbreiteten – das dann aber mit großer Geschwindigkeit entlang des Rheins und seiner Nebenflüsse. Heute haben frei lebende Nilgänse bereits die Schweiz erreicht. Außer in Berlin leben Nilgänse heute in allen deutschen Bundesländern in Freiheit.

STREITBARER NACHBAR

Es ist nicht gut Kirschen bzw. Schnecken essen für Enten, wenn Nilgänse am selben Teich leben. Die Nilgänse versuchen nämlich, andere erwachsene Vögel zu vertreiben, und töten unter Umständen sogar die Jungvögel anderer Arten. Sie zeigen – besonders in der Brutzeit – starkes Revierverhalten und dulden keine Konkurrenten der eigenen Art und auch keine artfremden Vögel neben sich. Eindringlinge werden mit dem Schnabel attackiert oder unter Wasser gedrückt. Auch die heimische Graugans hat unter Nilgänsen zu leiden, denn sie lebt in den gleichen Gebieten wie die Neuankömmlinge.

EXTREME VERBREITUNG

Mittlerweile gibt es eine echte Nilgans-Invasion. Die Tiere sind extrem anpassungsfähig und können nahezu jeden Lebensraum mit Wasser besiedeln. Zudem sind sie alles andere als anspruchsvoll. Kleine Teiche und Tümpel, sogar Wassergräben am Straßenrand genügen ihnen. Nahezu an allen Wasserflächen in Parks kommen Nilgänse vor. Sie plündern allerdings auch Äcker mit frischem Saatgut oder Silos und schaden so der Landwirtschaft. Auch bei der Wahl ihrer Nistplätze sind sie sehr flexibel. Vom Bodennest über Nester in Baumhöhlen bis zum verlassenen Greifvogelhorst hoch in einem Baum – sie sind mit allem zufrieden. Damit bringen sie vielerorts die natürliche Ordnung durcheinander. Hinzu kommt, dass sie die Vermehrungsrate anderer Wasservögel deutlich überschreiten. Jedes Paar kann bis zu zwölf Junge auf einmal hervorbringen

WASCHBÄR

GEFAHREN-
POTENZIAL
III

DER NAME – EIN IRRTUM

Seinen Namen verdankt der Waschbär einer bestimmten Verhaltensweise: Am Ufer eines Baches sucht das Tier mit den Vorderpfoten tastend unter Wasser nach Nahrung. Das sieht so aus, als würde der Waschbär seine Nahrung waschen.

BISSIGES KERLCHEN

Der Waschbär zählt zu den Kleinbären und hat viele Freunde unter den Menschen – er sieht einfach zu niedlich aus. Die Sympathie ist schnell verflogen, wenn man merkt, was so ein Tier alles anrichten kann, oder wenn man von einem scheinbar freundlichen »Bärchen« gebissen wurde.

INVASIVE TIERART

Sie kommen aus Nordamerika, wurden in den 1920er-Jahren als Pelztier nach Deutschland geholt und 1934 am hessischen Edersee als »Flintenfutter« für die Jäger ausgewildert. Auch brachen Tiere aus Pelztierfarmen aus und ließen sich in den

STECKBRIEF

LATEINISCHER NAME: *Procyon lotor*

KÖRPERLÄNGE: 40–70 cm

GEWICHT: 3,5–9 kg

LEBENSALTER: in Freiheit etwa 2–3 Jahre, in Gefangenschaft bis zu 20 Jahren

FARBE: schwarz, weiß, grau

URSPRÜNGLICHE HEIMAT: Nordamerika

NAHRUNG: ein sehr anpassungsfähiger Allesfresser

Wäldern nieder. Dort fanden sie alles, was sie brauchten: Futter und Verstecke. Die hätten sie eigentlich kaum benötigt, denn natürliche Feinde haben sie in Europa nicht. Im Wald fressen Waschbären mit Vorliebe Vogeleier und Jungvögel und schädigen so den Bestand. Möwen, Enten und Singvögel sind in Gefahr. Sogar an den Nistplätzen von Storchen und Greifvögeln wurden schon Waschbären beobachtet. Kleintiere wie die heimischen Schildkrötenarten, Hasen, Kaninchen und Eidechsen stehen ebenfalls auf dem Speiseplan der Zuwanderer.

ES WERDEN IMMER MEHR

Ihren Erfolg in einem neuen Lebensraum verdanken die Waschbären ihrer Anpassungsfähigkeit. Sie finden überall einen Platz und können sich auf nahezu jede Nahrung einstellen. Hinzu kommt ihr ausgeprägter Wandertrieb: Besonders junge Waschbären zieht es in die Welt hinaus. Sie suchen und finden ein neues Revier oft mehrere Kilometer von ihrem Geburtsort entfernt. Heute leben in Deutschland bis zu 500 000 Tiere. Selbst eine ganzjährige Bejagung kann die Anzahl der Waschbären nicht verringern. 2015 würden über 100 000 Waschbären von Jägern geschossen – Jungtiere füllten schnell die entstandenen Lücken im Bestand.

EINDRINGLINGE IN HÄUSER

Immer mehr Waschbären kommen in die Stadt. Dort durchwühlen sie den Müll und suchen in den Gärten nach Nahrung. Dabei dringen sie durch jede mögliche Öffnung in Gartenhäuser, Schuppen und Garagen und immer häufiger auch in Wohnungen ein, z. B. durch eine Katzenklappe. Sie können Schranktüren öffnen, durchstöbern alles und verteilen den Schrankinhalt auf dem Boden. Auf dem Land quartieren sie sich in Scheunen ein und richten schon einmal Schaden in einem Hühnerstall an. Auch wenn man es leicht vergisst: Waschbären sind Raubtiere.

GEFAHR FÜR MENSCH UND TIER

Jäger erzählen Schauergeschichten von getöteten Jagdhunden, immer wieder müssen auch Katzen zum Tierarzt, weil sie von Waschbären gebissen wurden. Ängstlich oder feige sind Waschbären nicht: Sie laufen nicht davon, wenn sie sich angegriffen fühlen. Sie wehren sich mit Zähnen und Klauen – immerhin verfügen sie über das Gebiss eines kleinen Hundes. Gleichgültig, wie groß der Gegner ist – Hund, Wildschwein oder Mensch –, sie gehen zum Angriff über. Ein angegriffener Mensch sollte sich möglichst groß aufrichten, Krach machen und schnell das Weite suchen …

UNBEQUEME BESUCHER

Manche Tierarten erweitern ihren Lebensraum auf sanfte und gemächliche Weise. Sommerbesucher werden zu Dauerbewohnern, weil die Winter milder werden, Zugvögel vergessen ihre Reise in die Winterquartiere, wärmeliebende Tiere dehnen ihren Lebensraum nach Norden aus, weil die durchschnittlichen Temperaturen auch dort steigen. Andere Tierarten, welche die Menschen in vergangenen Jahrhunderten vertrieben haben, kehren zurück in Regionen, in denen sie schon früher lebten, oder erobern neue Biotope, in denen sie bisher nicht zu finden waren. Die Menschen sind nicht immer begeistert von dieser Entwicklung, denn auch Raubtiere sind unter den Rückkehrern.

CHINESISCHE WOLLHAND-KRABBE

STECKBRIEF

LATEINISCHER NAME: *Eriocheir sinensis*

KÖRPERLÄNGE: Rückenpanzer ca. 7 cm lang, ca. 9 cm breit, Gesamtbreite mit Beinen bis zu 30 cm

GEWICHT: 70–200 g, maximal 400 g

LEBENSALTER: 5–6 Jahre

FARBE: braun, die Tiere haben eine wollige Behaarung an den Scheren, bei den Männchen verstärkt

URSPRÜNGLICHE HEIMAT: Ostasien

NAHRUNG: Allesfresser

GEFAHREN-POTENZIAL

GROSSER KONKURRENT

Die Chinesische Wollhandkrabbe reiste per Schiff, und zwar im Ballastwasser der Seeschiffe: Sie breitete sich zunächst in den Flüssen Elbe und Rhein aus, lebt aber mittlerweile ausgehend von den in die Nordsee und die Ostsee mündenden Flüssen gerne in allen Gewässern bis hin zum Graben am Straßenrand in ganz Nord- und Mitteleuropa. Beweglich und hungrig, wie sie sind, fressen Wollhandkrabben den Fischen und anderen Wassertieren die Nahrung weg. Wasserpflanzen, Insekten und Insektenlarven, Schnecken, Muscheln, kleinere Fische und Fischlaich, aber auch Aas stehen auf ihrem Speisezettel.

SIE SIND AUF DEM VORMARSCH

Die Gänge, die sie bewohnen, graben sie in die Uferböschungen, sodass auch diese in Gefahr geraten können. Natürliche Feinde müssen die Krabben nicht fürchten, und deshalb vermehren sie sich über alle Maßen schnell. Ihre Gesamtzahl dürfte bereits in die Milliarden gehen. Mit anderen eingewanderten Neuzuwanderern, wie z. B. dem Signalkrebs und dem Roten Amerikanischen Sumpfkrebs, bringen sie die gewachsene Ökologie der Flüsse und alle darin lebenden Wasserbewohner in Gefahr. Versuche, die Vermehrung und Verbreitung der Wollhandkrabben zu stoppen, sind bisher gescheitert. In ihren Bauen und Gängen in Deichen und Dämmen sind sie schwer zu erreichen, aus Netzen und Reusen können sie sich meist selbstständig befreien. Es bliebe noch ein weiterer Weg: In China gelten Wollhandkrabben als besonders delikate Mahlzeit ...

AGA-KRÖTE

GEFAHREN-POTENZIAL
卌

STECKBRIEF

LATEINISCHER NAME: *Rhinella marina* oder *Bufo marinus*

KÖRPERLÄNGE: bis zu 22 cm, gehört zu den größten Froschlurchen der Welt

GEWICHT: 0,7–1,5 kg

LEBENSALTER: bis zu 30 Jahren

FARBE: Kaulquappen schwarz, Kröten ocker bis dunkelbraun, hellere Unterseite

URSPRÜNGLICHE HEIMAT: Süd- und Mittelamerika

NAHRUNG: Allesfresser: frisst alles, was sie verschlingen kann

VERGEBLICHE BEKÄMPFUNG

Zuckerrohrpflanzer führten die Kröte 1932 in Puerto Rico ein, um mit ihrer Hilfe einen schädlichen Käfer zu bekämpfen. Australische Farmer folgten ihrem Beispiel 1935. Der Feldzug gegen den Schädlingskäfer misslang, der Schaden für die Umwelt war gewaltig: Sie fraßen einheimische Kröten und Frösche wie auch kleinere Säugetiere und wurden schnell zur häufigsten Amphibienart. Heute verbreiten Aga-Kröten sich stark und unkontrolliert auf den Inseln der Karibik, in Florida und in Teilen Australiens und Neuguineas

PASSIVE VERTEIDIGUNG: GIFT

Die Aga-Kröte wehrt sich durch Giftstoffe in ihren Hautsekreten gegen Fressfeinde: eine gefressene Aga-Kröte = ein getöteter Räuber. Schon mit ihrer Ankunft veränderte die Aga-Kröte Lebensräume: Fressfeinde, die eine der zugewanderten Aga-Kröten erbeuteten, starben an ihrem Gift, Schlangen und Krokodile wurden stark dezimiert oder ausgerottet, weil eine derart giftige Beute in ihren Verhaltensmustern nicht vorgesehen war.

Hunde sterben innerhalb von 15 Minuten, wenn sie eine Aga-Kröte nur im Maul getragen haben. Die Giftstoffe werden über zwei große Hinterohrdrüsen und über Hautdrüsen am Rücken abgegeben. Gerät die Kröte in direkte Gefahr, kann das Gift auch verspritzt werden. Bei Menschen verursacht das Gift starke Reizungen der Haut und der Schleimhäute. Wer unvorsichtigerweise eine Kröte oder deren Eier verspeist, gerät in Lebensgefahr.

Darüber hinaus sind Aga-Kröten sehr zähe Lebewesen. Sie überstehen auch Trockenperioden mühelos, bei denen andere Amphibien sterben.

EXPLOSIONSARTIGE VERMEHRUNG

Bufo marinus verbreitet sich durch die hohe Zahl ihrer Nachkommen explosionsartig. Ein einziges Weibchen kann bis zu 40 000 Eier produzieren. Das Verbreitungsgebiet der eingewanderten Kröten in Australien z. B. wächst jedes Jahr um etwa vierzig Kilometer. Weiter wurde ihre Verbreitung durch genetische Veränderungen begünstigt. Manche Aga-Kröten bildeten längere Hinterbeine aus und konnten so schneller neue Territorien erobern. Doch auch die Feinde fanden neue Wege: Einige Schlangenarten bekamen von Generation zu Generation immer schmalere Kieferknochen, sodass sie nur noch kleinere Amphibien und junge Aga-Kröten, nicht aber die großen, besonders giftigen erwachsenen Tiere fressen können.

In Europa konnte die Krötenart glücklicherweise nicht Fuß fassen – sie benötigt Lebensräume mit subtropischem Klima.

AUSTRALIEN WEHRT SICH

Ganz Australien wehrt sich mit allen Mitteln gegen die Ausbre tung der giftigen Kröte. Die Tiere werden mit ultraviolettem Licht angelockt, an Wasserstellen eingesammelt und auf vielfältige Weise getötet, unter anderem durch Einfrieren. Die zahllosen Krötenkadaver werden zu Dünger oder ihre Haut zu Leder verarbeitet. Es gibt auch zahlreiche Versuche, die aggressiven Amphibien mithilfe von Genmanipulation oder durch die Infektion mit Viren und Bakterien auszurotten.

DIE KRÖTE LIEFERT DROGEN

Im Gift der Kröten finden sich halluzinogene Substanzen. Deshalb lecken in manchen Ländern Menschen das Gift direkt von der Haut der Tiere oder trocknen es und stellen daraus eine Droge her, die geraucht wird. Der Genuss dieses Droge ist allerdings lebensgefährlich: Zahlreiche Benutzer bekamen massive Kreislaufprobleme bis hin zum Herzstillstand.

AMERIKANISCHER OCHSENFROSCH

GEFAHREN-POTENZIAL III

ERSTE INVASION GESCHEITERT

Die erste Invasion misslang: Als jemand in den 1930er-Jahren versuchte, in der Lüneburger Heide eine Froschzucht zur Gewinnung von Froschschenkeln einzurichten, verhinderten das die benachbarten Besitzer von Fischteichen gerichtlich. Sie fürchteten um ihren Fischbestand. Feinschmecker bedauerten das, hätte doch ein einzelner Froschschenkel vom Amerikanischen Ochsenfrosch genügt, um satt zu werden.

DER HORROR AUS DEM GARTENTEICH

Einige Jahrzehnte später reisten die Ochsenfrösche ein. Sie wurden in den 1980er- und 1990er-Jahren in den Gartencentern zum Verkauf angeboten – als Bereicherung für die Gartenteiche. Man behauptete sogar, die Kaulquappen würden Stechmückenlarven fressen und so eine Mückenplage verhindern. Leider sind aber Ochsenfrösche als Kaulquappen Vegetarier. Bald erklangen vielerorts die lauten, grunzenden Ochsen-Rufe, denen das Amphibium seinen Namen verdankt: Bööörp! Sie sind hörbar über eine Entfernung von zwei Kilometern! Und die Tiere fanden ihren Gartenteich offenbar zu klein und machten sich auf Wanderschaft …

EIN PROBLEM, DAS SICH VERMEHRT

Einzelne Tiere wurden von überforderten »Froschfreunden« in natürliche Gewässer ausgesetzt. Ihnen genügt ein kleiner Bach oder Teich: Aus dem Froschlaich eines einzigen Weibchens gehen bis zu 20 000 Kaulquappen hervor. Natürliche Feinde haben weder der erwachsene Frosch noch die bis zu 17 cm langen Kaulquappen – Raubfische verschmähen sie. Mittlerweile gibt es Vorkommen in Böblingen, in Karlsruhe und Meckenheim bei Bonn, von Ökologen scharf beobachtet und soweit möglich bekämpft. Denn die Gefahr ist keine kleine.

GEFRÄSSIG WIE KAUM EIN ANDERER

Unsere heimischen Amphibien-Arten – Kröten und Frösche – sind zum großen Teil vom Aussterben bedroht. Zum einen werden ihre Biotope vernichtet, zum anderen setzt ihnen der Autoverkehr zu. Zahllose Tiere sterben bei den Wanderungen im Frühjahr unter Autoreifen, auch wenn Naturschützer ihr Bestes tun, um sie zu sichern. Die Nahrung von Kröten und Fröschen ist durch Pestizide vergiftet, und dann auch noch das: Die zugewanderten Amphibien aus Nordamerika stellen eine weitere schwere Gefahr dar, denn der Ochsenfrosch frisst alles, was er erbeuten und schlucken kann.

STECKBRIEF

LATEINISCHER NAME: *Rana catesbeiana*

KÖRPERLÄNGE: Kopf-/Rumpflänge bis zu 25 cm, ausgestreckt bis zu 60 cm

GEWICHT: 1,4 kg, vereinzelt bis zu 2 kg

LEBENSALTER: in Gefangenschaft erreichen manche Tiere 45 Jahre

FARBE: die Farbe der einzelnen Tiere kann von Grün über Grau bis Braun schwanken

URSPRÜNGLICHE HEIMAT: Nordamerika

NAHRUNG: Schnecken, Fische, Vögel, kleine Schlangen, Ratten und Mäuse, Frösche, auch Artgenossen; Kannibale

EIN ZÄHER KAMPF: MENSCH GEGEN FROSCH

Seen und Teiche, in denen Ochsenfrösche vorkommen, werden eingezäunt, die Kaulquappen des Ochsenfrosches werden zu Hunderttausenden eingesammelt. Mit Elektrokeschern lassen sich Quappen und erwachsene Tiere aus Gewässern entfernen, allerdings wird dabei auch die einheimische Fauna in Mitleidenschaft gezogen. Eine einfache Lösung gibt es nicht.

ASIATISCHER LAUBHOLZBOCK-KÄFER

GEFAHREN-POTENZIAL

GEFÄHRLICHSTER ZUWANDERER

Sein natürliches Verbreitungsgebiet liegt in Asien, aber der Asiatische Laubholzbockkäfer kann weite Strecken überwinden. Er reist z. B. in ganzen Baumstämmen, die von Asien nach Europa oder Amerika transportiert werden, benutzt aber auch Verpackungsholz oder Ziergehölze für seine Fernreisen. 1996 fand man ihn erstmals im Osten der USA, wo man sofort mit dem Kampf gegen den Schädling begann. Der Käfer ist nämlich nicht wählerisch, was die Wirtspflanzen für seine Larven betrifft. Die gefräßigen Vorstufen des Käfers bohren die Saftleitungen der Bäume an und bringen sie schnell zum Absterben. Ein Drittel aller Laubbaumarten wird von ihm befallen.

RADIKALE GEGENMASSNAHMEN

Tourismusmanager, Holzindustrie und Forstwirte sind alarmiert, wenn ein Befall mit dem Laubholzbockkäfer entdeckt wird. Ganze Gebiete werden unter Quarantäne gestellt. Die befallenen Bäume werden sofort gefällt, ihr Holz wird verbrannt. In Deutschland ist der Käfer bisher noch selten und seine Ansiedlung wird mit allen Mitteln bekämpft.

WIRKSAME HUNDENASE

Besonders dort, wo er großen Schaden anrichten könnte, muss der Asiatische Laubholzbockkäfer frühzeitig entdeckt werden. Speziell ausgebildete Hunde suchen z. B. in Baumschulen nach ihm.

STECKBRIEF

LATEINISCHER NAME: *Anoplophora glabripennis*

KÖRPERLÄNGE: 2,5–4 cm ohne Fühler

LEBENSALTER: 1–2 Monate im Sommer; höchstens bis zum Wintereinbruch

FARBE: dunkles Grün, schwarz

URSPRÜNGLICHE HEIMAT: Asien (China, Korea, Taiwan)

NAHRUNG: Holz

VARROAMILBE

GEFAHREN-POTENZIAL
IIII

STECKBRIEF

LATEINISCHER NAME: *Varroa destructor*

KÖRPERLÄNGE: 1,2 mm lang, 1,6 mm breit

LEBENSALTER: 1–2 Monate, selten bis zu 4 Monaten

FARBE: bräunlich-rot

URSPRÜNGLICHE HEIMAT: Ostasien

NAHRUNG: Blut von Bienen und Bienenlarven

WINZIG, ABER OFT TÖDLICH

Varroamilben sind besonders gefährliche Zuwanderer, nämlich die gefährlichsten Parasiten der Honigbienen. Mit Bienenvölkern aus Ostasien eingeschleppt, schwächen die winzigen Milben die europäischen Honigbienen und bringen ganze Bienenstöcke in Gefahr, wenn der Imker keine Gegenmaßnahmen ergreift. Bei Befall mit Milben verlieren sie an Gewicht, können die Arbeiten für den Stock nicht mehr ausführen und die männlichen Bienen werden unfruchtbar. Krankheitserreger werden übertragen, ein besonders gefährliches Virus verkürzt das Leben der Bienen und kann zu Verkrüppelung der Flügel und des Hinterleibs führen. Eine andere durch den Milbenbefall begünstigte Krankheit ist die hochansteckende Nosemose, verursacht durch einen einzelligen Parasiten namens *Nosema apis*.

DIE PLAGE BEKÄMPFEN

Varroamilben vermehren sich in den Waben der Bienen und legen dabei vor allem in der Drohnenbrut ihre Eier ab. Hier greift der Imker ein – er entfernt diesen Teil der Waben und unterbricht damit den Vermehrungskreislauf der Milben. Doch zur Bekämpfung der Milbenplage genügt das nicht. Besonders starke Bienenvölker müssen ausgewählt und weitergeführt werden, chemische Mittel gegen die Milben kommen zum Einsatz.

KARTOFFEL-KÄFER

GEFAHREN-POTENZIAL ||||

ACHTUNG, ICH BIN GEFÄHRLICH!

Der mittlerweile weltweit verbreitete Kartoffelkäfer warnt vor sich selbst: Sein Warnkleid ist gelb mit schwarzen Streifen und Flecken und soll potenziellen Feinden sagen: Friss mich nicht, ich bin giftig! Diese Warnung ist keine Täuschung, jedoch ist das Wehrsekret des Insekts, eine leicht giftige Flüssigkeit, nur schädlich für andere Insekten. Gegen größere Feinde ist diese Verteidigungswaffe unwirksam. Für Menschen wird der Käfer auf andere Weise gefährlich – sogar lebensgefährlich.

GEFAHR BIS HIN ZUR HUNGERSNOT

Kaum zu glauben, aber so ein winziges Insekt kann unvorstellbares Elend über die Menschen bringen. Ganze Nationen kämpften gegen Hungersnöte, als im 19. Jahrhundert eine Kartoffelkäferplage die Menschen um ihre Nahrungsgrundlage brachte. Kartoffelkäfer und ihre Larven ernähren sich von den saftigen Blättern der Kartoffelpflanze. Wenn es genug davon gibt, vermehren sie sich mit großer Geschwindigkeit – die Weibchen legen ab Juni bis zu 2000 Eier, pro Jahr können zwei Generationen Kartoffelkäfer heranwachsen und innerhalb kurzer Zeit ganze Kartoffelfelder kahl fressen.

Zum ersten Mal wurde der gefräßige Käfer 1811 im amerikanischen Bundesstaat Colorado entdeckt – deshalb trägt er auch den Namen »Coloradokäfer«. 1859 beobachtete man erstmals eine Massenvermehrung in Nebraska. Der Kartoffelkäfer verbreitete sich – eingeschleppt auf dem Seeweg – unaufhaltsam auch nach Europa. Trotz aller Bekämpfungsmaßnahmen – Freiwillige sammelten den Käfer ein, man versuchte, ihm mit starken Giften beizukommen – gelang es nicht, den Schädling auszurotten. Besonders in der Zeit nach dem Zweiten Weltkrieg, in der Nahrungsmittel knapp waren, wurden die Kartoffeln dringend benötigt. Die Kartoffelkäferplage brachte ganze Staaten in Gefahr.
Was chemische Mittel nicht schafften – heute bekämpft man im Garten und auf dem Feld Kartoffelkäfer erfolgreich mit ökologisch verträglichen Mitteln.

STECKBRIEF

LATEINISCHER NAME: *Leptinotarsa decemlineata*

KÖRPERLÄNGE: 7–15 mm

LEBENSALTER: bis zu 2 Jahren

FARBE: gelb-schwarz

URSPRÜNGLICHE HEIMAT: Colorado, USA

NAHRUNG: Nachtschattengewächse: Kartoffeln, aber auch Tomaten, Paprika

KIRSCHESSIGFLIEGE

GEFAHREN-POTENZIAL IIII

KLEINE PLAGE

Nicht, dass man einem Insekt böse Absichten unterstellen könnte: Die Kirschessigfliege tut nichts anderes, als ihr eigenes Überleben zu sichern und das ihrer Art. Dabei richtet sie allerdings – zumindest aus menschlicher Sicht – einiges Unheil an.
In Deutschland gibt es sie erst seit kurzer Zeit – sie kam mit eingeführten Früchten zu uns –, und alle Obstbauern können nur hoffen, von ihr verschont zu bleiben. Denn *Drosophila suzukii* legt ihre Eier unter die Schale von fast reifen Früchten kurz vor der Ernte. Das können Blaubeeren, Himbeeren, Brombeeren, Weintrauben, aber auch Pflaumen und Kirschen sein. Die Früchte haben zunächst nur ein kleines Loch, verfallen aber erstaunlich schnell und sehen schon nach wenigen Tagen alles andere als appetitlich aus, nämlich angefressen, matschig und verschrumpelt. Auf jeden Fall können sie nicht mehr verkauft werden – schließlich steckt ja auch die unappetitliche Larve der Kirschessigfliege darin.

SCHWER ZU BEKÄMPFEN

Sich gegen die Kirschessigfliege zu wehren, ist nicht einfach. Spritzmittel, welche die Insekten töten, können so kurz vor der Ernte nicht mehr eingesetzt werden. Die Obstbauern versuchen, den Schaden einzugrenzen, indem sie alle befallenen Früchte entfernen und vernichten. Auf den Kompost darf das befallene Obst nicht – befallene Ware muss mindestens 30 cm tief eingegraben werden. Mit feinen Netzen versucht man die Ausbreitung der Fliege zu begrenzen. Frei fliegende Tiere werden mit Fallen, die mit Apfelessig als Köder gefüllt sind, oder auf Klebefallen gelockt. Alle Maßnahmen zeigen nur begrenzte Erfolge. Manchmal hilft nur eine Noternte – die fast reifen Früchte werden früher als üblich geerntet, damit der Befall sich nicht weiter ausbreiten kann. Spät im Jahr räumt glücklicherweise das Wetter unter den Schädlingen auf: Temperaturen unter -3 °C überleben sie nicht.

STECKBRIEF

LATEINISCHER NAME: *Drosophila suzukii*

KÖRPERLÄNGE: 2–3,5 mm, Spannweite 1,5 cm

LEBENSALTER: 3–9 Wochen

FARBE: rötlich-braun; rote Augen; Männchen tragen einen dunklen Fleck auf den Flügeln

URSPRÜNGLICHE HEIMAT: China, Korea, Japan, südliches Sibirien

NAHRUNG: Pflanzensäfte, Honigtau, Nektar, Pollen, Hefepilze und Bakterien von den Blattoberflächen

ROTER AMERIKANISCHER SUMPFKREBS

GEFAHREN-POTENZIAL

STECKBRIEF

LATEINISCHER NAME: *Procambarus clarkii*

KÖRPERLÄNGE: 12–15 cm

GEWICHT: ca. 50 g

LEBENSALTER: 2–5 Jahre

FARBE: rot, rotbraun

URSPRÜNGLICHE HEIMAT: der Süden und Südosten Nordamerikas, Mexiko

NAHRUNG: Allesfresser; Wasserpflanzen, Mückenlarven, Kaulquappen, Schnecken

ANSPRUCHSLOSE ART

Der Rote Amerikanische Sumpfkrebs stellt keine großen Anforderungen an seinen Lebensraum – was äußerst günstig für seine Verbreitung und sehr gefährlich für andere Amphibien und Krebstiere ist. Doch nicht nur seine Konkurrenz in Sachen Futter und Lebensraum macht besonders in Europa anderen Krebstieren zu schaffen: Er verbreitet außerdem eine Infektionskrankheit, die Krebspest. Diese verläuft beim Sumpfkrebs harmlos, da er Abwehrmechanismen entwickelt hat, stellt aber eine tödliche Seuche für Krebstiere in Europa, Afrika und Australien dar. Die einheimischen Arten sterben aus, wo Amerikanische Sumpfkrebse angesiedelt werden.

AUF DEM VORMARSCH

Noch ist seine Verbreitung in Europa begrenzt. Jedoch finden sich bereits Populationen in Spanien, Deutschland und in der Schweiz. So wurden Sumpfkrebse in Frankfurt und Berlin entdeckt, eine Ausbreitung Richtung Norden wird erwartet. Weil er eine tödliche Gefahr für die heimische Tierwelt darstellt – er gefährdet durch sein Beuteverhalten auch Frösche und Kröten –, wurde er 2016 in die EU-Liste der invasiven Arten aufgenommen. Vielfach wird diese Krebsart auch in Aquarien gehalten – es besteht die Gefahr, dass uninformierte Aquarianer überzählige oder zu große Tiere aussetzen, wovor dringend gewarnt werden muss.

STAR

GEFAHREN-
POTENZIAL
III

ALLES BEGANN IM CENTRAL PARK

An diesem ökologischen Desaster ist der amerikanische Arzneimittelproduzent Eugene Schieffelin schuld: Als Vorsitzender der 1871 gegründeten American Acclimatization Society – frei übersetzt etwa Amerikanische Eingewöhnungs-Gesellschaft – nahm er sich vor, europäische Tierarten in den Vereinigten Staaten heimisch zu machen. Der ursprünglich aus Europa und Vorderasien stammende Star gehörte dazu: Am 6. März 1890 ließ der Millionär 60 aus England importierte Stare im New Yorker Central Park frei – eine Aktion mit großen Folgen.

STECKBRIEF

LATEINISCHER NAME: *Sturnus vulgaris*

KÖRPERLÄNGE: 19–22 cm

GEWICHT: Weibchen 75 g, Männchen 90 g

LEBENSALTER: über 20 Jahre

FARBE: schwarz-grüne Grundfärbung, helle Punkte

URSPRÜNGLICHE HEIMAT: Europa

NAHRUNG: Insekten, Spinnen, Beeren, Samen, Schnecken, Obst

EINE ECHTE PLAGE

Heute sind daraus etwa 200 Millionen Vögel geworden – weit mehr als in ihrem Herkunftsgebiet –, die im nordamerikanischen Lebensraum schwere Schäden anrichten. Sie bilden riesige Schwärme, welche den Flugverkehr gefährden, und weil sie sich von Früchten und Beeren ernähren, schädigen sie Obstbauern und Winzer. Zudem übertragen sie bisher in Nordamerika nicht bekannte Krankheiten. Auf der Suche nach Nistplätzen verdrängen sie als Höhlenbrüter die einheimischen Spechte und andere Vogelarten. Obwohl die Stare bejagt werden, wächst der Bestand immer weiter. Die intelligenten Tiere verstehen es, ihren Jägern zu entkommen. Der jährliche Schaden durch die Einwanderer soll sich pro Jahr auf über 800 Millionen Dollar summieren.

WILDKANINCHEN

GEFAHREN-POTENZIAL
I ODER IIII

STECKBRIEF

LATEINISCHER NAME: *Oryctolagus cuniculus*

KÖRPERLÄNGE: 35–45 cm (Kopf bis Rumpf), Schwanz 4–7 cm

GEWICHT: 1,3–2,2 kg

LEBENSALTER: 5–6, maximal 9 Jahre

FARBE: graubraun

URSPRÜNGLICHE HEIMAT: Iberische Halbinsel, Südfrankreich, Nordafrika

NAHRUNG: Pflanzenfresser, Gräser, Kräuter und Blätter

EIN FRÜHERER ZUWANDERER

Bereits im Altertum wurde das Wildkaninchen zur Fleisch- und Pelzgewinnung in Gehegen gehalten, durch Zucht vermehrt und später auch als Jagdbeute in die Freiheit entlassen. Es ist also in unseren Lebensräumen eigentlich ein Neubürger, aber das schon seit Langem, und es hat sich perfekt in die bestehenden Biotope eingepasst. In den Städten leben sie hauptsächlich in Parkanlagen, Gärten und auf Friedhöfen. Als störend werden oft die langen Gänge empfunden, die Kaninchen in Hänge und Böschungen graben, ihre unterirdischen Wohnungen.

EINE ÖKOLOGISCHE GEFAHR?

Gegen eine Massenvermehrung spricht die Vielzahl der Feinde: Fuchs, Marder, Iltis, Luchs und Wolf haben es auf das Kaninchen abgesehen, ebenso Greifvögel. Als Nahrung für diese Fleischfresser sind Kaninchen ein wichtiger Teil des Ökosystems. Genau das war in Gefahr, als 1952 ein Mikrobiologe aus Frankreich einen Krankheitserreger nach Europa brachte, um die vielen Kaninchen auf seinem Privatgrundstück zu dezimieren: das Myxomatose-Virus. Es löst bei Kaninchen eine fast immer tödlich verlaufende Krankheit aus und die Folge seines Tuns war eine ökologische Katastrophe. Fast wäre das Wildkaninchen durch die sich rasant verbreitende Krankheit in ganz Europa ausgerottet worden. Auch seltene Raubtiere kamen in Gefahr, weil sie keine Beute mehr hatten. Glücklicherweise überlebte eine Anzahl von Kaninchen die furchtbare Seuche.

DIE AUSTRALISCHE KATASTROPHE

Andere Folgen als eine Ansiedlung in Europa hatte das Kaninchen für die Ökologie des australischen Kontinents: Wildkaninchen kamen schon 1788 nach Australien, und zwar mit den Schiffen, die Strafgefangene ins Land brachten. Zunächst hielt man sie in Käfigen, doch dann kam jemand auf die Idee, 24 Kaninchen als jagdbares Wild auszusetzen. Die Kaninchen freuten sich offenbar darüber, hatten keine Feinde, liebten nicht nur das milde Klima und vermehrten sich – wie die Kaninchen. Ende 1920 waren, so schätzte man, aus den zwei Dutzend Tieren 10 Milliarden geworden.
Na und, könnte man jetzt sagen, Kaninchen sind doch friedliche Tiere, die tun niemandem etwas. Sie brachten Australiens Flora und Fauna allerdings völlig durcheinander, fraßen den einheimischen Wildtieren die Nahrung weg, durchwühlten den Boden und brachten mit ihrem ungeheuren Appetit die Farmer um ihre Ernte.

EIN (FAST) AUSSICHTSLOSER KAMPF

Verzweifelt versuchten die Australier, die Kaninchen wieder loszuwerden, bekämpften sie mit Schusswaffen und Giftgas und legten vergiftete Köder aus. Ein 3256 km langer Zaun in Westaustralien, 1907 gebaut, um die Nagetiere von landwirtschaftlich genutzten Flächen fernzuhalten, erwies sich als teurer Fehlschlag: Die Kaninchen gruben sich einfach darunter hindurch oder sprangen sogar hinüber.
Als Nächstes dachte man über Biowaffen nach, erste Versuche mit Milben und Bakterien zu Beginn des 20. Jahrhunderts scheiterten. Einen ersten Erfolg brachte 1950 das Myxomatose-Virus, es räumte furchtbar unter den Kaninchen auf und reduzierte ihre Zahl von etwa 600 auf 100 Millionen. Doch die Kaninchen kämpften um ihr Leben, entwickelten eine Resistenz gegen das Virus und vermehrten sich aufs Neue – zu Beginn der 1990er-Jahre schätzte man ihre Zahl bereits wieder auf 200 bis 300 Millionen.
Ein anderer Erreger, das Calici-Virus, das die Rabbit Haemorrhagic Disease (RHD) auslöst, eine zu fast 100 % tödliche Krankheit, kam ab 1996 zum Einsatz. Wieder sank die Population der Kaninchen dramatisch, doch die australischen Forscher sind wenig optimistisch. Sie vermuten, dass wieder einige Kaninchen überleben werden und ihre resistenten Gene weitergeben könnten.

HAUSZIEGE

GEFAHREN-POTENZIAL

III

EIN URALTES HAUSTIER

Schon seit vielen Jahrhunderten begleiten Ziegen Menschen überall auf der Welt – sie gehören zu den ersten Haustieren überhaupt. Ziegen liefern Milch, Fleisch und Leder und sind dabei sehr genügsam. Sie brauchen wenig Platz und kommen mit nahezu jeder pflanzlichen Nahrung aus. Kühe stellen viel höhere Ansprüche an Nahrung und Unterbringung. Ziegen können klettern und kommen deshalb auch mit einem Lebensraum im Hochgebirge gut zurecht. Als »Bergmannskuh« oder »die Kuh des kleinen Mannes« kamen Ziegen mit der Industrialisierung sogar in die Städte.

WO ZIEGEN SIND ...

... da wächst kein Gras mehr. Ziegen können ganze Landschaften zerstören, und das geschah in der Tat weltweit. Seefahrer sorgten für die Verbreitung der Ziegen, denn die Horntiere waren für sie eine lebende Proviantreserve. Auf einer Insel ausgesetzt, kamen Ziegen auch mit kargen Bedingungen zurecht und vermehrten sich dabei tatsächlich noch. Bei ihrem nächsten Besuch auf der Insel gab es frisches Fleisch und womöglich auch Ziegenmilch, eine praktische Sache selbst für Weltumsegler. Für die Inseln allerdings hatte die neue Tierart meist – im wahrsten Sinne des Wortes – verwüstende Wirkungen. Ziegen fressen alles kurz und klein und vertilgen sogar harte, dornige Pflanzen und Wurzeln im Boden. Ohne die schützende Pflanzendecke wurde die fruchtbare Erde von Wind und Regen abgetragen, übrig blieb oft nur eine zerstörte Landschaft, eine tote Felseninsel.

SCHUTZ FÜR WERTVOLLE BIOTOPE

Weil große Ziegenherden mit ihrem Kahlfraß komplette Ökosysteme gefährden, werden sie vielerorts bekämpft. Auf den Galapagosinseln z. B. brachten Ziegenherden seltene Insekten und Vögel, aber auch die einmaligen Riesenschildkröten in Gefahr. Deshalb verfolgten Naturschützer sie mit einem Trick: Eine »Judasziege«, sozusagen ein unfreiwilliger Verräter aus der eigenen Art, wurde mit einem Sender ausgestattet und auf der Insel freigelassen. Auf der Suche nach einer Herde führte das einzelne Tier dann Jäger direkt zu den wild lebenden Artgenossen. So gelang es, die Inseln nacheinander wieder von den gefräßigen Ziegen zu befreien.

STECKBRIEF

LATEINISCHER NAME: *Capra aegagrus hircus*

KÖRPERLÄNGE: 50–100 cm

GEWICHT: 30–120 kg

LEBENSALTER: 10–15 Jahre

FARBE: unterschiedliche Farben je nach Zuchtform; schwarz, weiß, grau, braun

URSPRÜNGLICHE HEIMAT: Kleinasien, Vorderasien

NAHRUNG: Pflanzenfresser; Blätter, Gräser, Jungtriebe, Wurzeln

Bildnachweis

Getty Images: Umschlag vorne l.u.: GlobalP, M.u.: GlobalP, M.: Ocs_12, singkamc, Sudowoodo, r.u.: GlobalP, tacojim, l.o.: thomaslenne, u.: Duncan_Andison, S.4/5 u.: Duncan_Andison, S.6/7 M.: Sudowoodo, u.: Duncan_Andison, S.7 u.l.: Ecelop, M.u.: Nobi_Prizue, S.8 u.r.: Sudowoodo, S.10 u.: Duncan_Andison, S.12/13 u.: Duncan_Andison, S.13 u.: Elvetica, S.14 u.: Sudowoodo, S.16/17 u.: Duncan_Andison, S.19 u.: Duncan_Andison, S.22 u.: Duncan_Andison, S.24 u.l.: Sudowoodo, S.25 M.: Lidiia Moor, S.27 u.: Duncan_Andison, S.29 u.r.: Lesya_Gnatiuk, S.30/31 u.: Duncan_Andison, Sudowoodo, S.32/33 u.: Duncan_Andison, S.33 u.r.: Ecelop, S.36/37 u.: Duncan_Andison, S.38/39 u.: Duncan_Andison, S.42 u.: Duncan_Andison, S.42 u.r.: Elvetica, S.48/49 u.: Duncan_Andison, S.50/51 u.: Duncan_Andison, S.58: krblokhin, S.70/71 u.: Gokcemim, S.73 u.r.: bennyb, S.74 u.: Duncan_Andison, S.83 u.l.: tacojim, S.85 u.l.: Dmitry Volkov, S.86 M.u.: lukpedclub, u.r.: FancyTapis, S.88 o.l.: Naddiya, S.89 u.r.: Naddiya; S.9 l.u., S.11 M.r., S.12 u.r., S.14 o.r., S.15 u.l., S.19 o.r., S.21 o.r., S.22 M.l., S.25 o.r., S.27 l.u., S.29 u.r., S.30 M., S.33 u.r., S.36 o.l., S.39 o.r., S.41 o.l., S.45 u.l., S.47 u.r., S.48 o.l., S.49 o.r., S.51 o.r., S.52 o.r., S.54 r.u., S.57 u.r., S.59 u.l., S.61 o.r., S.63 o.r., S.65 u.l., S.67 u.r., S.69 o.l., S.71 o.r., S.73 o.r., S.74 o.l., S.76 u.r., S.79 o.r., S.80 M.l., S.83 o.r., S.84 u.r., S.85 M.l., S.87 u.r., S.89, S.90 M.l., S.91 u.l., S.92 o.l., S.95 o.r.: villagemoon

Nature Picture Library: S.23: Florian Möllers, S.32 l.o.: Kim Taylor, r.o.: Andy Sands, S.39 o.: Dave Bevan, M.l.: Adrian Davies, S.82 o.r.: John Cancalosi, S.88 M.: Michael Durham

stock.adobe.com: Umschlag hinten r.u.: Eric Isselée, l.u.: Eric Isselée, M.: Julien Eichinger, o.l.: ChrWeiss, o.r.: foto_tech, Inhalt l.o.: fotomaster, l.u.: torook, M.o.: Michael Pettigrew, M.u.: Eric Isselée, S.4 M.l.: Maciej Olszewski, u.r. Julien Eichinger, S.5 u.r.: fotomaster, S.6 l.: elenabsl, o.r.: foto_tech, u.r.: vorenl, S.7 u.r.: topvectors, S.8 o.r.: foto_tech, o.l. fotomaster, u.l.: ondrejprosicky, S.9 r.o.: Photohunter, S.10 o.l.: Jesus, o.r.: fotoparus, u.: denis08131, S.11 r.o. bereta, u.: vschlichting, S.12 o.l.: Jeff McGraw, M.o.: jamiehall, o.r. fotomaster, S.12 o.: Sarah Jorand, S.14 o.l.: OlegD, S.15 o.l.: gerwbosma, M.o.: JSoltys Photography, o.r.: fotomaster, S.16 o.r. bennytrapp, S.17 u.r.: ondrejprosicky, S.18 stefan, S.19 u.l.: fotoparus, u.r.: pit24, S.20 o.l.: foto_tech, o.r.: kristinacux, S.20/21 u.: Julien Eichinger, S.22 o.l.: prochym, o.r.: fotohansel, u.l.: Eric Isselée, S.24 o.r. torook, u.r. fotoevent24, S.25 o.l.: PROMA, M.r.: kwasny221, S.26: I-Wei Huang, S.27 M.r.u.: sduben, u.r.: byrdyak, S.28 o.: macrowildlife, S.28 u.: Rainer Fuhrmann, S.29 u.l.: mirkograul, S.30 o.l.: fabiosa_93, o.r.: Mushy, S.31 M.: denboma, u.r.: Julien Eichinger, S.32 l.u.: torook, M.u.: GraphicsRF, S.33 M.u.: kvdkz, S.34 o.l.: blendell.photo, o.r. Stefan, S.34/35 u.: Marek R. Swadzba, S.35 o.r.: SanGero, S.36 o.r.: byrdyak, S.37 u.r.: fotoevent24, S.38 o.l.: pepik44, o.r.: iredding01, S.40 o.r.: geografika, S.40/41 u.: Gina Sanders, S.41 o.r.: elenabsl, S.42 o.l.: Claude, o.r.: hkuchera, S.43 u.: vaclav, S.44 o.l.: ChrWeiss, M.: Saidin Jusoh, u.r.: vorenl, S.45 o.l.: cribe, o.r.: Unclesam, S.46 o.r.: Saidin Jusoh, M.: fotohansel, u.: gordzam, S.47: Saidin Jusoh, S.48 o.l.: murgvi, o.r.: Stephane Bonnel, S.49 o.l.: pisotckii, S.50 u.l.: ne2pi, o.l.: Michael Pettigrew, o.r.: Jürgen Kottmann, S.51 M.: ChrWeiss, S.51 u.: absent84, S.52 u.: Robert de Jong, o.l.: Jiri Prochazka, S.53 u.: Zerbor, M.: Erika Wehde, S.54 o.l.: Kletr, o.r.: Hanoi Photography, S.55 u.: quietbits, o.l.: jaceksphotos, S.56 o.l.: sarawuth123, o.r.: wnarong, S.56/57 u.: ookawaphoto, S.60 o.r.: Ziga Camernik, S.60/61 u.: Sergii Figurnyi, S.62 o.l.: gromush, o.r.: arturas kerdokas, u.l.: ne2pi, S.63: hhelene, S.64 o.l.: Maciej Olszewski, o.r.: Ian, S.64/65 u.: Andy, S.65 u.r.: Steffen, S.66 o.l.: geoffkuchera, o.r.: Fexel, u.: Maik, S.67 u.l.: ÐÐÐÐÐK, S.68 o.l.: hannurama, o.r.: Xaver Klaussner, u.: Neyro, S.69 u.l.: Erik Mandre, u.r.: sduben, S.70 o.r.: Rostislav, S.71 M.o.: THAIFINN, S.72 o.l.: JMP de Nieuwburgh, o.r.: Frank, u.l.: Neyro, S.72/73 u.: vorenl, S.74 o.r.: Wiltrud, M.: Andreas, S.75 M.l.: tom, u.: JuergenL, S.76 o.l.: PIXATERRA, o.r.: Jenny Thompson, S.77 u.r.: Eric Isselée, M.l.: Julien Eichinger, S.78 o.: Eric Isselée, M.: Marijus, u.: carmenrieb, S.79 o.l.: Erni, u.r.: Aleksey Stemmer, S.80 o.l.: ondrejprosicky, o.r.: Marijus, S.81 u.l.: Johan Larson, u.r.: Yakov, S.84 o.r.: ANGHI, S.85 o.l.: Antonio Nardelli, M.o.: mirkograul, o.r.: Vera Kuttelvaserova, u.r.: Neyro, S.86 o.l.: dimakp, o.r.: Adrian, u.l.: Grigory Bruev, S.87 o.r.: Grigory Bruev, S.90 o.r.: bennytrapp, S.91 o.l.: Eric Isselée, o.r.: Petr Šimon, S.92: Natureimmortal, S.93: Harald, S.94 o.l.: byrdyak, o.r.: Cloudtail, u.l.: carmenrieb, S.95 u: Eric Isselée, u.r.: Neyro

Layout und Gestaltung: Judith Jänsch

ISBN 978-3-8458-3105-3
www.arsedition.de

MIX
Papier aus verantwortungsvollen Quellen
FSC
www.fsc.org
FSC® C015559